科学文化工程
公民科学素养系列

— 湖泊科普系列丛书 —

# 诗话湖泊

郭娅 薛滨 编著

南京大学出版社

图书在版编目(CIP)数据

诗话湖泊 / 郭娅，薛滨编著. —南京：南京大学
出版社，2018.12
(湖泊科普系列丛书)
ISBN 978 - 7 - 305 - 21349 - 6

Ⅰ. ①诗… Ⅱ. ①郭… ②薛… Ⅲ. ①诗词—作品集
—中国 Ⅳ. ①I22

中国版本图书馆 CIP 数据核字(2018)第 291002 号

出版发行 南京大学出版社
社 址 南京市汉口路 22 号 邮 编 210093
出 版 人 金鑫荣
丛 书 名 湖泊科普系列丛书
书 名 诗话湖泊
编 著 郭 娅 薛 滨
责任编辑 田 甜 吴 汀 编辑热线 025 - 83593947

照 排 南京紫藤制版印务中心
印 刷 南京凯德印刷有限公司
开 本 889×1194 1/32 印张 7.375 字数 198 千
版 次 2018 年 12 月第 1 版 2018 年 12 月第 1 次印刷
ISBN 978 - 7 - 305 - 21349 - 6
定 价 58.00 元

网址：http://www.njupco.com
官方微博：http://weibo.com/njupco
官方微信号：njupress
销售咨询热线：(025)83594756

# 湖泊是宝贵的自然资源

## ——《湖泊科普系列丛书》总序

　　湖泊是镶嵌在大地上的蓝色珠宝,它不仅景色幽静,环境优美,还是生命之源,万物繁衍的地方。地球上约有 14 亿立方千米的水,其中约 97.5％为咸水(主要在海洋中),2.5％为淡水,而这 2.5％淡水的大部分(约 70％)还被冻固在极地和高山的冰川中,能直接为人类所用的水仅仅是湖水、河水和部分地下水,总量不及全球水量的 1％。可见淡水之宝贵,湖泊之宝贵。

　　我国湖泊资源丰富,分布广泛,类型多样,从青藏高原到太平洋西岸,面积 1 平方千米以上的自然湖泊近 2 700 个,总面积达 8 万多平方千米,约占国土总面积的 1％;既有淡水湖,也有咸水湖,有构造形成的断陷湖、火山形成的火山口湖、堰塞湖,冰川形成的冰川湖以及河流改道形成的牛轭湖等。这些湖泊滋润着祖国大地,养育着亿万生灵,蕴藏着丰富资源,形成了鱼米之乡……

　　"淼淼长湖水,春来发绿波",有湖泊就有生机,保护湖泊是生态文明建设的重要组成部分,必须引起高度重视,既要加强对湖泊的科学研究,也要提高广大群众对湖泊重要性的认识。在这方面中国科学院南京地理与湖泊研究所的科研人员做了大量卓有成效的工作,他们不仅在湖泊研究方面取得了举世瞩目的成就,在普及湖泊科学知识方面也非常努力。最近由薛滨和郭娅两位研究员主笔,多位专家参与完成的《中国湖泊趣谈》《中国湖泊掠影》和《诗话湖泊》三册构成的《湖泊科普系列丛书》,以各种典型湖泊为代表,从过去到现在,从局部到整体,全面介绍了中国湖泊的现状、特点和功能,并以精彩的图片展现了许多湖泊的美丽景色,给人以赏心悦目的感受。特别是《诗话湖泊》,别开生面地引用了大量古代诗人对一些湖泊的生动描绘和抒情,诗中有画,画中有诗,实有"杳杳波涛阅古今"之势,让你体会"天与水相通,舟行去不穷","湖平孤屿出,天阔万峰来"那种奇妙的境界,和"尽说西湖足胜游,谁信东湖更清幽"的评述。一个湖泊是一面镜子,一幅画卷,一部诗作,这种把科学与文学艺术有机结合的创作,使读者从中既学到了知识,也受到了艺术的熏陶,可谓学中有乐,乐中有学,值得在科学普及中提倡。我有幸先睹为快,相信它不仅能吸引广大读者的眼球,更能鼓动许多人投身到那充满诗情画意的人间仙境,一览碧波荡漾,柔情似水的湖泊魅力,领略大自然的神奇!

中国科学院院士,中国科普作家协会名誉理事长

2018 年末

# 序

傍晚时分，入住溧阳天目湖畔，推开窗户，一湖清水跃然眼中。冬天的天目湖，依然是那么美，山是绿的、水是清的、天是蓝的、空气是清新的，"绿水青山、美丽中国"，所有这些美好的词汇都顿时浮现在脑海里。

湖泊的美，在于山的映衬、水的纯洁、林的恬静、田的坦荡、草的依偎，山水林田湖草生命共同体，构成了美丽中国的一幅幅画卷。湖泊的美，还在于她的汇聚、她的包容、她对人类的默默奉献，她对历史文明的传承记载，极大丰富了中华民族的文化精髓。古往今来，多少文人墨客行吟湖畔，留下了难以计数的诗文辞赋，千百年来它们与亭台楼榭、楹联碑刻、逸事传说一起流传至今，积淀成我国独特的湖泊文化，成为我国传统文化的重要组成部分，是增强国民文化自信的历史宝库。诗中有湖、湖中有诗，当我们回味这些诗词时会发现，它们的美早已深隐于我们的文化基因之中。

诗中有湖。历代名人以湖为背景，咏物寓情，留下了许多感人至深的作品。诗中有湖泊的描写："镜湖三百里，菡萏发荷花"（唐·李白《子夜吴歌·夏歌》）；"江湖后摇落，亦恐岁蹉跎"（唐·杜甫《蒹葭》）；"最爱湖东行不足，绿杨阴里白沙堤"（唐·白居易《钱塘湖春行》）；"湖光秋月两相和，潭面无风镜未磨"（唐·刘禹锡《望洞庭》）；"八月湖水平，涵虚混太清"（唐·孟浩然《望洞庭湖赠张丞相》）；"惟有门前镜湖水，春风不改旧时波"（唐·贺知章《回乡偶书二首》）；"欲把西湖比西子，淡妆浓抹总相宜"（宋·苏轼《饮湖上初晴后雨二首·其二》）；"毕竟西湖六月中，风光不与四时同"（宋·杨万里《晓出净慈寺送林子方》）；"山外青山楼外楼，西湖歌舞几时休"（宋·林升《题临安邸》）；"湖上西风急暮蝉"（宋·晏殊《浣溪沙·湖上西风急暮蝉》）。很多湖泊也拥有属于自己的绝世名句："秋水共长天一色"——鄱阳湖；"白银盘里一青螺"——洞庭湖；"具区浩荡波无极"——太湖；"天与人间作画图"——巢湖；"西域春水一时平"——喀纳斯湖；"百里镜空含万象"——赛里木湖；"芦花深处唤拿舟"——白洋淀；"澄江色似碧醍醐"——抚仙湖；"烟花三月下扬州"——瘦西湖；"金陵莫美于后湖"——玄武湖；"东湖烟水浩漫漫"——蠡湖；"一城山色半城湖"——大明湖，等等，不一而足。

湖中有诗。诚如本书作者在鄱阳湖一节中描述，这里有最多姿的"水"：丰水季节，鄱阳湖水天一色，烟波浩渺；枯水之际，水束如带，旷如平野。这里有最诗意的"草"：每到春、秋、冬三季，黄茅白苇，芳草萋萋，让人流连忘返。这里有最高贵的"鸟"：鄱阳湖冬季是天鹅和白鹤的天堂，夏季是白鹭和灰鹭的王国，是世界生物多样性最丰富的湿地。到了冬季，全球98％的白鹤与数十万只的天鹅选择到鄱阳湖越冬，其景堪为"天下奇观"。在太湖一节中描述，这里有最美的"景"："澄潭日出渔帆集，遥浦潮平贾棹通"，体现了当时太湖渔船往来，商贾云集的盛况。"千斛渔舟，风帆六道，远若浮鸥，近如山涌。"；这里有最美的"文化"：那首吴侬软语幽然浅唱的《太湖美》"太湖美呀太湖美，美就美在太湖水。水上有白帆，水下有红菱，水边芦苇青，水底鱼虾肥……"道不尽太湖好风光。诗情画意，不言而喻。

湖美，诗美。在分享湖泊之美，感受诗词之趣的同时，本书还将有关湖泊的诗词与其记载的湖泊的变化、湖区人民的生产生活、洪水灾害、渔业生产、人文历史，甚至湖泊的科学问题等联系起来进行解读，从古人的智慧和情怀中汲取营养,提升大众湖泊保护意识,传承和弘扬湖泊文化。

编著者是从事湖泊研究的科技人员,利用闲暇时间,在湖泊相关科普领域从事创作。虽眷诗文,却知之甚浅,文中所引诗词主要来自《全唐诗》《四库全书》、古诗文网等,另外对一些比较生僻的诗进行了单独引注,不当之处在所难免,欢迎批评指正。同时,也希望有更多的湖泊专业、非专业的同行一起推动湖泊科学普及教育事业的发展。

谨以这本《诗话湖泊》献给热爱湖泊、喜爱诗词的读者。

# 目 录
## Contents

# 秋水共长天一色
## 鄱阳湖

(供图:奚和平)

"落霞与孤鹜齐飞,秋水共长天一色。渔舟唱晚,响穷彭蠡之滨……"是唐代诗人王勃所著《滕王阁序》中描绘鄱阳湖的千古名句,将一个水天相连、渺无际涯的鄱阳湖呈现在世人眼前。鄱阳湖是我国第一大淡水湖,位于江西省北部,长江中下游南岸,它承纳赣江、抚河、信江、修水和饶河等五河之水,向北注入长江。鄱阳湖为长江流域重要的过水性、吞吐型、季节性浅水湖泊,在调节长江水位、涵养水源、改善当地气候和维护周围地区生态平衡等方面都起着巨大的作用(窦鸿身和姜加虎,2003)。湖面水位的涨落,随着季节的变化而变化,湖面的伸缩范围在1 000千米左右。每年春夏之际,湖水猛涨,水面扩大,水域面积可达3 900余平方千米。但是到了冬季,湖水剧降,湖面只剩100多平方千米,高低水位相差10米左右(苏守德,1992),仅剩几条航道,湖滩出露,绿草繁茂,形成坦荡的湖滨区。

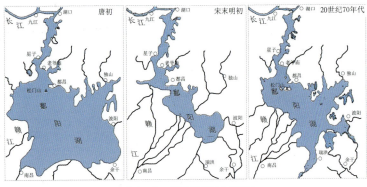

图1-1 鄱阳湖历史演变

鄱阳湖,古称彭蠡、彭湖,在庐山市附近又有宫亭湖之称。《汉书·地理志》曾有"豫章郡彭蠡"的记载,但今天的鄱阳湖并不是由史书中记载长江以北的彭蠡古泽演变而来,而是由江南湖口断陷水域形成的彭蠡新泽不断扩张形成(谭其骧和张修桂,1982),此"彭蠡"非彼"彭蠡",只是以同名冠称。还有另一种说法"彭者大也,蠡者瓠瓢也",形容鄱阳湖形如大葫芦瓢,也贴切地形容了长江和鄱阳湖的关系:长江像一条长藤,在其中游和下游的交界处,挂系着鄱阳湖这只南宽北狭的巨大宝葫芦。鄱阳湖湖体通常以都昌和吴城间的松门山为界,分为南北(或东西)两湖。松门山西北为北湖,或称西鄱湖,也就是葫芦的长颈,实为一条狭长的通往长江的港道,湖区范围与历史时期的彭蠡新泽大体相当,留存千年以上,范围稳定(谭其骧和张修桂,1982)。湖上风光以北湖"葫芦颈"一带最佳,水深崖陡,景色奇秀,北离湖口不远,碧波中突起一座小石岛,名为大孤山(又名鞋山),与长江又一石岛——小孤山遥遥相对。此湖中胜景广为历代诗人所称颂,如唐代诗人顾况在《小孤山》一诗中云"大孤山远小孤出,月照洞庭归客船"。北宋诗人苏轼在《李思训画长江绝岛图》诗中亦写道"山苍苍,水茫茫,大孤小孤江中央",颇具趣味。不过最为隽永的还属明代陈云德的吟咏:

## 大孤山

### [明]陈云德

谁削青芙蓉,独插彭湖里。

平分五老云,远挹九江水。

日月共吞吐,烟霞互流徙。

大力障狂澜,与天相终始。

注:本诗引自江西省鄱阳湖生态规划区规划展示馆介绍资料。

大孤山一头高一头低,远望似一只巨鞋浮于碧波之中。它高出湖面约 70 米,周长百余米,陡峭峥嵘,奇秀清幽,古时有"蓬莱仙岛"之称。登山眺望,匡庐山色,鄱阳水光,尽收眼底。清人王士禛则另辟蹊径,以拟人化手法,把大孤山比作美人,鄱阳湖比为玉镜,湖山相映如美人对镜梳妆,写得十分美丽迷人:

## 大孤山

### [清] 王士禛

官亭湖上好烟鬟,倭髻初成玉镜闲。

雾阁云窗不留客,蘋花香里过鞋山。

松门山东南为南湖,或称东鄱湖,湖面辽阔,长 133 千米,最宽处达 74 千米,是湖区主体。鄱阳湖南湖地区属古代枭阳平原,该地区河网交错纵横并有逐步沼泽化的趋势,唐末五代至北宋初期,我国气候变暖,长江流域处于多雨期,地表径流迅速增加,长江中下游的湖泊都显著扩展(苏守德,1992)。此时古彭蠡泽已大部分萎缩,蓄洪能力显著下降,长江干流径流量急增,水位上升,在湖口一带倒灌入彭蠡新泽,顶托湖水北出,造成湖水空前迅速地越过婴子口向东南方的枭阳平原扩展(谭其骧和张修桂,1982),水至鄱阳县(今波阳)。至此,鄱阳湖南湖初步形成,也大体上奠定了今天鄱阳湖的范围和形态。唐代诗人白居易《湖亭望水》一诗中所提及的南湖指的就是东鄱湖区域:

## 湖亭望水

### [唐] 白居易

久雨南湖涨,新晴北客过。

日沉红有影,风定绿无波。

岸没闲阎少,滩平船舫多。

可怜心赏处,其奈独游何。

该诗为白居易任江州司马时所写。江州，今九江，九江旁边就是鄱阳湖。古代鄱阳湖是从北方进入江西的唯一水道(李青，2012)，诗人"久雨南湖涨，新晴北客过"一句描述了连降大雨使鄱阳湖南湖水涨，天晴后从北来的舟楫往来通过的场面。"岸没闾阎少，滩平船舫多"也描写出由于涨水淹没了湖岸，湖区居民为避水灾纷纷迁走后湖区的荒芜。

汪洋浩渺的鄱阳湖南湖形成后，"鄱阳湖"才取代"彭蠡"之名被正式列入史籍。宋朝《太平寰宇记》在饶州余干县下首次出现"康郎山在县西北八十里鄱阳湖中"的记载。所以在《全唐诗》中很难找得到以鄱阳湖为题的作品，也说明鄱阳湖刚形成不久，文学作品中仍习惯以古名相称。仅有唐人贯休和韦庄的两首诗，《春过鄱阳湖》和《泛鄱阳湖》：

### 春过鄱阳湖

[唐] 贯　休

百虑片帆下，风波极目看。

吴山兼鸟没，楚色入衣寒。

过此愁人处，始知行路难。

夕阳沙岛上，回首一长叹。

### 泛鄱阳湖

[唐] 韦　庄

四顾无边鸟不飞，大波惊隔楚山微。

纷纷雨外灵均过，瑟瑟云中帝子归。

进鲤似棱投远浪，小舟如叶傍斜晖。

鸱夷去后何人到，爱者虽多见者稀。

两首诗都描绘泛舟湖上所见之景，"百虑片帆下，风波极目看"、"四顾无边鸟不飞,大波惊隔楚山微"两句描绘出鄱阳湖南湖形成之初浩瀚无际的壮阔,可见唐代鄱阳湖的泱泱大气已是初具规模。

宋代诗人周弼的作品《鄱阳湖》中写道:"鄱阳湖浸东南境,有人曾量三十六万顷。我昔乘槎渤澥间,眇视天溟坎蛙井。浪何为而起于青云之底,日何为而碎于泥沙之里。"描绘了"三十六万顷"的鄱阳湖形成后水天一色,波浪滔天,横无际涯的壮观景象。此外,《太平寰宇记》中还大致记录了鄱阳湖南湖的范围,东至莲荷山与鄱阳县之间,西北过鄱阳湖中长山,南越康山。从北宋诗人徐俯的《鄡子值风雨》一诗的描绘,可以推测宋代时鄱阳湖的南界已到鄡子寨—瑞洪一带:

### 鄡子值风雨

〔宋〕徐　俯

重湖浪正起,支川舟不行。

急雨夜卧听,颠风昼眠惊。

浩渺的鄱阳湖风大浪高时"支川舟不行",舟船是古人主要的水路交通工具,要渡湖只能等到天公作美,风平浪静时。由宋代诗人徐照所述《过鄱阳湖》之险和杨万里所著《过鄱阳湖天晴风顺》之喜可见古人渡鄱阳湖天险之困:

### 过鄱阳湖

〔宋〕徐　照

港中分十字,蜀广亦通连。

四望空无地,孤舟若在天。

龙尊收巨浪,鸥少没苍烟。

末流皆惊畏,吾今已帖潸。

# 过鄱阳湖天晴风顺

## ［宋］杨万里

湖外庐山已见招,春风好送木兰桡。

青天挟日波中浴,白昼繁星地上跳。

万顷琉璃吹一叶,半篙霜雪快今朝。

庐陵归路从西去,却峭东帆趁落潮。

明清时期,鄱阳湖的汊湖逐渐形成和扩展,尤其是鄱阳湖南湖向西南方向扩展迅速(唐国华和胡振鹏,2017)。据清代顾祖禹撰写的历史地理著作《读史方舆纪要》记载,三角洲前缘的矶山已"屹立鄱阳湖中"。清时,松门山以南的陆地也相继成湖,松门山和吉州山也变成湖中岛山,淹没的古田遗痕至今仍清晰可见。

如今,诗人笔下"落霞与孤鹜齐飞,秋水共长天一色"的鄱阳湖以它宽广的胸襟和瑰丽的姿色成为享誉全球的重点湖泊。这里有最多姿的"水":丰水季节,鄱阳湖水天一色,烟波浩渺;枯水之际,水束如带,旷如平野。这里有最诗意的"草":每到春、秋、冬三季,黄茅白苇,芳草萋萋,让人流连忘返。这里有最高贵的"鸟":鄱阳湖冬季是天鹅和白鹤的天堂,夏季是白鹭和灰鹭的王国,是世界生物多样性最丰富的湿地。到了冬季,全球98%的白鹤与数十万只的天鹅选择到鄱阳湖越冬,其景堪为"天下奇观"。

在古今名湖中,鄱阳湖又是如此的与众不同。千百年来,洞庭湖、梁山泊、罗布泊等众多中国大湖,水域面积都大大缩小,甚至消亡,唯有它历经沧桑变幻而日趋繁荣,如今成为我国最大的淡水湖,在湖区乃至全国人民的生产生活中发挥着重大的作用。在生态文明的新时代,鄱阳湖的开发和建设将以人与自然共生共荣为目标,鄱阳湖的明天正有声有色、多姿多彩地崛起。

# 白银盘里一青螺
## 洞庭湖

（供图:王子彤）

"予观夫巴陵胜状,在洞庭一湖。衔远山,吞长江,浩浩汤汤,横无际涯;朝晖夕阴,气象万千。"千年以来,北宋文学家范仲淹在《岳阳楼记》中对洞庭湖的描述声犹在耳,洞庭湖烟波浩瀚的壮美风光也印刻在了亿万人的心中。洞庭湖,位于湖南省北部,长江荆江河段(湖北省枝江至湖南省岳阳县城陵矶段)南岸,湖泊水域面积2 625平方千米,为我国第二大淡水湖,兴盛时期曾达6 000平方千米,为九州第一大湖,史有"八百里洞庭"之称(何业恒和卞鸿翔,1984)。洞庭湖北与长江唇齿相依,南汇湘、资、沅、澧四水(实际还汇聚松滋、太平、藕池、调弦四口之水),是湖南省内的主要水利资源,也是长江重要的调蓄性湖泊。

洞庭湖在地质史上与江汉平原的古云梦大泽同属于"江汉—洞庭凹陷",那时洞庭湖地区为一片河网交错的平原,洞庭湖也只是夹在沅、资二水之间很小的湖泊水体(陈君,2007),不在古代有名的泽薮之列。东晋、南朝之际,随着荆江内陆三角洲的扩展和云梦泽的日趋萎缩,以及荆江河段江陵金堤的兴筑,强盛的长江来水南侵,穿过华容隆起进入凹陷下沉中的洞庭沼泽平原,从而形成一片烟波浩瀚的巨泽(张修桂,2013)。唐李思密所著《湘妃庙记略》称:"后世以其汪洋一片,洪水滔天,无得而称,遂指洞庭之山以名湖曰洞庭湖。"洞庭湖形成后,因湖中洞庭山(即今君山)而得名,这就是洞庭湖名称的由来(陈君,2007)。

由此可见,洞庭湖并非云梦泽的一部分,而是作为一个独立水系存在和发展的。不过古人以云梦泽喻之也不无道理,一是反映了古代洞庭湖汪洋恣肆、浩瀚无涯的大泽景观,二是荆江两岸水网相织,众水漫流,曾有

"九穴十三口"的说法。如唐代诗人孟浩然的这首《望洞庭湖赠张丞相》：

### 望洞庭湖赠张丞相

[唐] 孟浩然

八月湖水平，涵虚混太清。

气蒸云梦泽，波撼岳阳城。

欲济无舟楫，端居耻圣明。

坐观垂钓者，徒有羡鱼情。

"气蒸云梦泽，波撼岳阳城"一句就称颂了洞庭湖磅礴的气势。中国历史上洞庭湖在很长时期内是最大淡水湖泊，"洞庭天下水，岳阳天下楼"，其魅力千百年来被无数文人名士用文字所描摹：

### 岳阳馆中望洞庭湖

[唐] 刘长卿

万古巴丘戍，平湖此望长。

问人何淼淼，愁暮更苍苍。

叠浪浮元气，中流没太阳。

孤舟有归客，早晚达潇湘。

### 登岳阳楼

[唐] 杜 甫

昔闻洞庭水，今上岳阳楼。

吴楚东南坼，乾坤日夜浮。

亲朋无一字，老病有孤舟。

戎马关山北，凭轩涕泗流。

## 雨中登岳阳楼望君山

### ［宋］黄庭坚

投荒万死鬓毛斑，生出瞿塘滟滪关。

未到江南先一笑，岳阳楼上对君山。

满川风雨独凭栏，绾结湘娥十二鬟。

可惜不当湖水面，银山堆里看青山。

## 过洞庭湖

### ［明］姚 淑

一入洞庭湖，飘飘身似无。

山高何处见，风定亦如呼。

天地忽然在，圣贤自不孤。

古来道理大，知者在吾儒。

这些诗从不同时代、不同角度描写了洞庭湖烟波浩渺、气势恢宏的瑰丽景象。

唐宋以来，荆江堤防不断修筑，江面束狭、泄洪不畅，夏末秋初当长江洪水通过荆江段时常形成决口进入洞庭沼泽平原，湖区水位猛涨，汪洋一片。唐代诗人李白的《陪族叔刑部侍郎晔及中书贾舍人至游洞庭》一诗便描述了洞庭湖"夏秋水涨"的水情：

## 陪族叔刑部侍郎晔及中书贾舍人至游洞庭（其一）

### ［唐］李 白

洞庭西望楚江分，水尽南天不见云。

日落长沙秋色远，不知何处吊湘君。

该时期也是洞庭湖水患最严重的时期,诗人白居易在《自蜀江至洞庭湖口,有感而作》一诗中也说道:"每岁秋夏时,浩大吞七泽。"湖水一般自四月起涨,七、八、九三个月为高峰期,十月底进入枯季,与长江洪水特征一致。

洞庭湖不仅有气势如虹的一面,亦有它清逸俊秀的另一面。唐代诗人刘禹锡笔下的洞庭秋水充溢着浪漫主义的气息,他的这首《望洞庭》也成为描写洞庭湖宁静风光的传世佳句:

## 望洞庭

[唐]刘禹锡

湖光秋月两相和,潭面无风镜未磨。

遥望洞庭山水翠,白银盘里一青螺。

诗人把远处的君山,比作盛在银盘里的青螺。皓月当空,洞庭山愈显青翠,洞庭湖水愈显清澈,山水浑然一体,望去如同一只雕镂剔透的银盘里,放了一颗小巧玲珑的青螺,以小喻大,可谓奇特幽默。晚唐的另一位诗人雍陶也写了一首《洞庭诗》,将秀丽静谧的洞庭湖面比作仙女梳洗的铜镜,而隽秀峭立的君山成了镜中仙女的发髻,可谓竞放奇葩,各吐其艳:

## 题君山/洞庭诗

[唐]雍　陶

风波不动影沈沈,翠色全微碧色深。

疑是水仙梳洗处,一螺青黛镜中心。

和鄱阳湖一样,洞庭湖也属于季节性湖泊,深秋之后,洞庭湖水退洲露,又是另外一番面目。如唐代诗人李群玉的《洞庭干二首》:

## 洞庭干二首

[唐] 李群玉

借问蓬莱水,谁逢清浅年。

伤心云梦泽,岁岁作桑田。

朱宫紫贝阙,一旦作沙洲。

八月还平在,鱼虾不用愁。

诗中讲述了当时洞庭湖冬枯见底,要到次年八月水涨时,才能恢复湖面,供渔民施捕。此外,《洞庭湖志》中还收录了清代诗人袁枚的一首诗《过洞庭湖水甚小》,诗中说:"我昔舟泛洞庭湖,万顷琉璃浪拍天。我今舟行洞庭雪,四面平沙浪影绝。昔何其盛今何衰?洞庭湖君来笑致词:请君将身作水想,消息盈虚君自知。君昔来游可有胸吞云梦意,君今来游可是心波不动时?春自生,冬自槁,须知湖亦如人老。"(聊澍,1825)诗人通过龙王之口解释了洞庭湖湖面由大到小的变化是不同季节带来的差异,"春自生,冬自槁"反映了洞庭湖汛枯异观的水情特点。

除季节性因素外,历史上洞庭湖面积确实发生过多次显著变化,但这主要取决于泥沙在湖底的淤积,以及江湖水位的抬升。另外,湖泊面积还随着人类在湖区的筑堤围垦工程的兴衰而发生缩小或扩大(卞鸿翔,1986)。

长江流域的围垦早在春秋战国时期就已经开始,人类围湖造田已成为影响洞庭湖的因素之一。进入唐宋时期,洞庭湖水面因围垦而逐年缩小,且以西洞庭湖区围湖造田的规模最大。同时,由于泥沙淤积,荆江河床日渐抬高,在洞庭湖口形成顶托、倒灌,致使"江湖关系"发生新的转变,长江泥沙的倒灌导致洞庭湖底淤垫升高(周宏伟,2005)。南宋时,枯水期湖水深度已不到一丈,湖中洲滩毕露,可能为历史时期的最浅阶段(卞鸿翔和龚循礼,1984)。元明时期的洞庭湖面积有所扩大,这主要由荆江大堤因人为和自然原因时常溃口,进入洞庭湖的洪水量增大所引起的,另外也与当时堤垸失修、退田还湖现象有关。据明嘉靖年间所绘"广舆图"记载,元明时期洞庭湖实际面积在 5 600 平方千米左右(卞鸿翔,1986)。明代后期以来,湖区围垦再度兴起,洞庭湖开始由盛转衰,清康熙末年绘制的《大清一统舆图》显示当时洞庭湖面已为 4 300 平方千米。然而悲剧仍在上演,自 19 世纪中叶开始,洞庭湖进入有史记载以来演变最为剧烈的阶段。清咸丰及同治年间,荆江南岸相继发生藕池及松滋决口,加上原有太平、调弦两口,形成四口分流局面,荆江泥沙大量输入洞庭湖,造成洞庭湖湖床不断抬升,水面逐渐萎缩(卞鸿翔,1985);同时,由于湖区人口增多,洞庭湖地区围垦之势泛滥,洞庭湖经历着一个快速被分割和萎缩的过程,面积一度缩小为不足 4 000 平方千米。进入 20 世纪以来,洞庭湖又发生了多次缩小与短暂的扩大,特别是 1949 年以来湖面持续萎缩,到 20 世纪 70 年代,洞庭湖只剩下东洞庭湖、南洞庭湖等几个相对孤立的湖。2007年,洞庭湖已难称湖了,只有几处相对狭长而宽阔的水面,由湘、资、沅、澧等水系连接,湖泊面积已不足 2 700 平方千米(刘文静,2013)。

曾经烟波浩渺的洞庭湖从此"一去不返,故迹渺然",日渐萎缩。追根溯源,既有自然的危害又有人为的侵害,或许后者更是加速其萎缩的主要原因。洞庭湖是长江流域最重要的调蓄湖泊,它的巨大蓄洪能力,曾使长江无数次的洪患化险为夷。然而,在仅仅一百多年的时间里,泥沙的淤积和盲目的围垦使洞庭湖面积不断缩小,中国历史上长期以最大淡水湖著称的"八百里洞庭",现已小于鄱阳湖,退居到第二位。"地不让水水争地",洞庭湖区也成为全国受洪涝灾害危害最频繁、最严重的地区之一(周国华,1997)。据统计,20 世纪 80 年代,每 3~4 年一次大水。90 年代除1990 年和 1997 年外,其余年份均有不同程度水灾,以 1996 年、1998 年最为惨重。1996 年湖区有 226 个大小堤垸,已溃 145 个,淹没耕地 8.02 万平方千米,受灾人口达 113.8 万;1998 年湖区外溃大小堤垸 142 个,受灾面积200 万亩,受灾人口 37.87 万,其洪水肆虐触目惊心。人类只有学会遵循自然规律,符合生态平衡的法则,才能与自然和谐相处,否则就会受到大自然的报复与惩罚。

　　"十二五"以来,洞庭湖的治理取得了重大进展,尤其是自2014年洞庭湖生态经济区纳入国家发展战略以来,国家和省市进一步加强了洞庭湖综合治理,洞庭湖水环境问题得到根本遏制。"十三五"期间,在国务院批复的《洞庭湖生态经济区规划》框架下,政府将进一步完善洞庭湖水环境综合治理管理体系,通过一系列措施,恢复洞庭湖"一碧万顷"的景象。

# 具区浩荡波无极
## 太湖

（摄影：奚和平）

太湖,位于江苏和浙江两省的交界处,长江三角洲的南部,是我国第三大淡水湖。湖面海拔 3 米,平均深度约 2 米,最深达 4.8 米,水域面积 2 338 平方千米,湖岸线全长 393 千米,其西和西南侧为丘陵山地,东侧以平原及水网为主,湖水主要来自浙江天目山的苕溪水系和安徽茅山的荆溪水系,湖水东由浏河、吴淞江、黄浦江入长江。

太湖是我国历史上的名湖。春秋战国时期,吴越二国以太湖为界,湖之西为吴,湖之东为越。吴越地区,是著名的水乡泽国,孕育了江南的文化,地处吴越中心的太湖便有"包孕吴越"之称(文清,2000)。自古太湖三万六千顷,周回五百里,勾连吴越,历史悠久,人文荟萃。在著名江南才子唐寅的《泛太湖》一诗中即有记载:

## 泛太湖

[明] 唐　寅

具区浩荡波无极,万顷湖光尽凝碧。

青山点点望中微,寒空倒浸连天白。

鸱夷一去经千年,至今高韵人犹传。

吴越兴亡付流水,空留月照洞庭船。

太湖古称"具区"、"震泽",又名"五湖"、"笠泽"等。北宋诗人陈舜俞在《初入太湖》一诗中写道"东南有具区,三万六千顷"。"震泽"一名源自《尚书·禹贡》,据说是因为太湖经常泛滥,震荡难定的缘故,其中有大禹治水"三江既入,震泽底定"的记载。《三吴水利录》对此有比较详细的记述："昔禹之时，震泽为患，东有堰阜，以隔截其流。禹乃凿断堰阜，流为三江，东入于海，而震泽始定"，说的是海面上升，引起潮水倒灌，雨量充沛，带来洪水成灾，经过大禹疏通三江（淞江即今吴淞江，娄江在今浏江一带，东江已干涸），导流入东海，这也奠定了今太湖的基础（洪雪晴，1991）。"五湖"在《太湖备考》中注释为"内有五湖：菱湖、莫湖、胥湖、贡湖、游湖"。这五湖都处于太湖北半圈，《史记·河渠书》中说太史公"上姑苏，望五湖"，这五湖都属两千多年前的吴国水域（秦寿容，1981）。

太湖烟波浩渺，水复山还，湖上群峰起伏，宛若游龙，形成一幅湖中有湖，山外有山，风光旖旎的天然画卷。湖上诸山，发源于南岭山脉，由浙江天目山向北延伸构成，重峦叠嶂，雄踞湖心，加上地势较高的岛屿星罗棋布，湖中向有 48 岛、72 峰之说。宋代文学家欧阳修的《远山》一诗便描绘了泛舟太湖上，琳琅满目的小岛与山峰变化万千：

## 远 山

[宋] 欧阳修

山色无远近，看山终日行。

峰峦随处改，行客不知名。

清代文人王鼎的《泛舟太湖》更是点出了太湖的七十二峰和秋夕时节湖上不带雕琢的自然美景：

## 泛舟太湖

[清] 王 鼎

双帆剪破碧玻璃，秋色空濛望欲迷。

七十二峰何处好，夕阳一角洞庭西。

湖上诸山以洞庭东山、洞庭西山及马迹山为最著名。诗中的"洞庭"指的就是位于太湖东南部的洞庭山，洞庭山是东洞庭山、西洞庭山两地的统称，今惯称东山、西山。历史上的文人墨客极为偏爱秋季夕阳下的太

湖,盛唐著名边塞诗人王昌龄唯一一首咏苏州的诗便留在此时的太湖:

## 太湖秋夕

[唐]王昌龄

水宿烟雨寒,洞庭霜落微。

月明移舟去,夜静梦魂归。

暗觉海风度,萧萧闻雁飞。

诗人似睡非睡,似梦非梦,置身太湖畔隐隐地感到似海风吹来,为我们描绘了一幅宁静的太湖秋夕图。此外,唐代著名诗人薛据、白居易的《泛太湖》、《宿湖中》二诗也有异曲同工之妙:

## 泛太湖

[唐]薛 据

万顷波涵一碧秋,飘飘随处任轻舟。

踏歌听立忘机鹭,击楫惊飞熟梦鸥。

烟水淡图山点翠,云霞丽景日抛毬。

帆收不尽湖天景,何必蒹葭古渡头。

## 宿湖中

[唐]白居易

水天向晚碧沉沉,树影霞光重叠深。

漫月冷波千顷练,苞霜新橘万株金。

幸无案牍何妨醉,纵有笙歌不废吟。

十只画船何处宿,洞庭山脚太湖心。

秋日暮色中的太湖,一碧万顷的湖面,烟霭迷离。在霞光的映衬下,树影山色婆娑缤纷,轻舟与游船从流飘荡,山水相依,天人合一,"太湖天下秀"当之无愧！唐代,随着中国经济重心的南移,环太湖流域发展迅速,社会安定,风流遍地,文人雅士往来频繁,留下了大量的诗文作品。据统计,唐代吟诵太湖的诗有近三百首之多(沙建芳,2013)。

太湖流域气候温和湿润,水网稠密,土壤肥沃,素有"鱼米之乡"的美誉。宋元时期,随着精耕细作的普及,太湖地区已发展成为全国最重要的农业基地,时有"苏湖熟,天下足"(指苏州和湖州)的说法。北宋著名诗人、湖州长史苏舜钦的这首《望太湖》就描绘了太湖地区丰富的物产:

## 望太湖

### ［宋］苏舜钦

杳杳波涛阅古今,四无边际莫知深。

润通晓月为清露,气入霜天作暝阴。

笠泽鲈肥人脍玉,洞庭柑熟客分金。

风烟触目相招引,聊为停桡一楚吟。

吴中鲈鱼誉满天下,诗中把太湖(笠泽)鲈鱼脍比作"脍玉",形容其肉色鲜美。太湖洞庭山盛产柑橘,句中将客人剥柑橘称为"分金"。"玉"与"金"相对,显出太湖物产堪与金、玉媲美。

元代文学家戴表元也在其《湖州》一诗中给予富庶的太湖地区高度的赞美:

## 湖 州

### ［元］戴表元

山从天目成群出,水傍太湖分港流。

行遍江南清丽地,人生只合住湖州。

这首诗不仅仅称颂了湖州的好,还形象地描绘了当时南太湖水系的情况。太湖周围港湾交叉,湖荡密布,共有大小湖荡一百八十多个,与那些出入湖荡的大小河道一起,组成了一个既广又密的水道系统,起着沟通长江,调节太湖上下游河流、湖泊的水源和水位的作用(秦寿容,1981)。诗中"山从天目成群出,水傍太湖分港流"一句指的就是南太湖岸线上分布着的大大小小的溇港,它们在汛期是导泄东西苕溪山洪和平原涝水的北排入湖的主要通道,在旱季又是杭嘉湖平原赖以引湖济旱的生命线,古称七十二(亦作七十三)溇。因此,太湖水位总体较为稳定,太湖地区广大的农田很少遭受旱涝灾害。

元朝政府为保障农业发展,大兴水利,并仿唐宋旧制设立了都水庸田使司、行都水监机构,以专司管理,同时吸收民间意见以指导太湖水利建设(陈秋速,2008)。戴表元的另一首诗《苕溪》就提到了太湖地区圩田修建的情况:

## 苕 溪

### [元] 戴表元

六月苕溪路,人言似若耶。

渔罾挂棕树,酒舫出荷花。

碧水千塍共,青山一道斜。

人间无限事,不厌是桑麻。

"碧水千塍共,青山一道斜"指的是山脚下绿水环绕着人工建成的千百条田埂,当时在吴淞江南北(主要是北岸)已建成大量五里七里为一纵浦,七里十里为一横塘规格的圩田,具备了较好的抗御水旱灾害的能力(王建革,2013)。

明清时期,随着区域经济的快速发展,太湖地区更显繁荣,已成为全国最大的丝绸、棉布、茶叶、书籍市场和重要的粮食、金融、日用品、工艺品市场,出现"凡四方难得之货,靡所不有"的局面(陆玉麒和董平,2005)。太湖的繁盛从明代官员胡缵宗的《太湖》一诗中可见一斑:

# 太　湖

[明] 胡缵宗

茫茫四郡尘嚣外，渺渺五湖烟雾中。

若更无山天地涸，纵还有石水云空。

澄潭日出渔帆集，遥浦潮平贾棹通。

为谢东庄王相国，金庭玉柱属三公。

这首诗不仅描绘了太湖水乡的秀丽景色，"澄潭日出渔帆集，遥浦潮平贾棹通"一句还体现了当时太湖渔船往来，商贾云集的盛况。此外，在《太湖备考》中还这样记载道："千斛渔舟，风帆六道，远若浮鸥，近如山涌。"可见历史上太湖渔业的繁荣兴旺。太湖地区在经济上长期处于领先地位，很大程度上是得益于太湖。

太湖，因水而灵动，因文化而隽永。那首吴侬软语幽然浅唱的《太湖美》："太湖美呀太湖美，美就美在太湖水。水上有白帆，水下有红菱，水边芦苇青，水底鱼虾肥……"道不尽太湖好风光，也勾起了无数人对太湖的向往。然而近年来，太湖蓝藻泛滥、水华暴发、水危机四伏，严重影响到了太湖地区人民的生产生活，对湖泊资源的过度开发利用和疏于保护侵蚀着太湖之美。保护太湖，还其美丽容颜，是太湖人民的迫切愿望，更是我们不可推卸的历史责任。

# 高下汇成湖

## 洪泽湖

（供图：姚书春）

洪泽湖，位于江苏省淮安市洪泽区西部，在我国五大淡水湖泊中位居第四，也是其中最年轻的一个湖泊，形成于公元 1128 年黄河夺淮以后，是历代治黄、保运工程的产物和组成部分（朱兴华，1998）。洪泽湖四周高，中间低洼，湖体形态极不规则，湖东南侧筑有人工石坝，水域面积2 151.9 平方千米（正常蓄水位 13 米时）（陈磊和唐荣桂，2016），因其湖底高程高于下游地面数米，又被称为"悬湖"，成为威胁苏北里下河地区安全的一大隐患。

　　洪泽湖发育在淮河中游的冲积平原上，原是泄水不畅的洼地，广布一些规模较小的湖泽，如富陵湖、破釜涧、泥墩湖、万家湖、白水等（荀德麟，1993），被称为"富陵"诸湖，其中地势较高的南部二湖系由塘堰拦截山水而成，它们平时与淮河并不相通，但在汛期时湖水常溢入地势较低的北部三湖，浸及湖东的淮安地区（图 4 - 1）。《元和郡县志》记载："洪泽浦在盱眙县北三十里，本名破釜涧。"据说隋炀帝下江南时将破釜涧改名为洪泽浦，洪泽之名才始见于世。破釜涧改名后，涧口小镇也名为"洪泽镇"。唐宋时期，古淮河经镇西流过，自西南至东北方向，穿过"富陵"诸湖，纳汇泗水等河流独流注入黄海。由于洪泽为重要的水路交通，由汴梁入两淮多取道洪泽，在古诗中已有所见，如皇甫冉的这首《洪泽馆壁上见故礼部尚书题诗》：

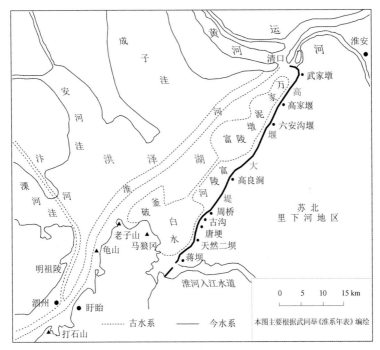

图 4-1 洪泽湖古今水系位置

## 洪泽馆壁上见故礼部尚书题诗

### ［唐］皇甫冉

底事洪泽壁，空留黄绢词。

年年淮水上，行客不胜悲。

宋时洪泽湖区农业发达，经济繁荣，建有洪泽亭、洪泽驿。据《盱眙县志稿》载："至洪泽驿由水道沿淮至淮口，此其必由之道也……"，此时南来北往官宦、墨客多经此流连。宋神宗元丰二年（1079 年），苏轼从徐州改知湖州，于四月经过泗州，夜渡洪泽，因心中憧憬，在夜深沉睡的时候诗人仍无法入眠，于湖上留诗一首（陈斯金和张锦瑞，2012）：

# 舟中夜起

## [宋]苏　轼

微风萧萧吹菰蒲,开门看雨月满湖。

舟人水鸟两同梦,大鱼惊窜如奔狐。

夜深人物不相管,我独形影相嬉娱。

暗潮生渚吊寒蚓,落月挂柳看悬蛛。

此生忽忽忧患里,清境过眼能须臾。

鸡鸣钟动百鸟散,船头击鼓还相呼。

全诗亦幻亦真,描绘了洪泽湖上极美的夜景。运河口还有洪泽闸及洪泽港口,海潮仍早晚两次涉及洪泽,南北舟楫在此等潮过闸(朱兴华,1998)。南宋诗人杨万里的《清晓洪泽放闸四绝句》便描绘了当时舟楫往来的情形:

# 清晓洪泽放闸四绝句

## [宋]杨万里

满闸浮河是断冰,等人放闸要前行。

劣能开得两三板,争作摧琼裂玉声。

黄河夺淮是形成洪泽湖雏形的客观因素(张瑞虎,2012)。南宋(高宗)建炎二年(公元 1128 年),黄河大规模南泛,东京留守杜充"决黄河,自泗入淮,以阻金兵",奔泻的黄河水向南汇入泗水,一直流入淮河下游的清口(今江苏省淮安市西南码头镇附近),由此开启七百多年的黄河夺淮史。数百年间,黄河洪水在淮河流域到处泛滥,黄河挟带的大量泥沙淤塞了淮河的干流和许多支流,淮河水系被打乱,淮河清口以下的河床越淤越高,成为"地上河"。淮河水无法进入其下游河道,遂在洪泽凹陷区储积,使淮河下游两岸的富陵湖、破釜塘等大小湖泽、洼地连成一片,逐渐汇聚成湖,并且规模不断扩大,形成了洪泽湖的雏形。

黄河夺淮期间,水患危害日益加重。到明清时期,万顷洪泽,泛滥江淮,愈加一发不可收拾。明清两朝为确保运河漕运和解决黄淮下游河床淤积的问题,在洪泽凹陷区的东侧,增高、加长高家堰,力图"蓄清刷黄保运"(王庆和陈吉余,1999)。高家堰(今洪泽湖大堤)初建为土堤,长30里,明永乐年间在武墩至周桥之间兴工修堤,明万历年间始建石堤,将大堤延筑至蒋坝,石堤全长百余里,犹如"水上长城"(简培龙和简丹,2017)。随着历代治河者不断加高加固原有大堤,淮水东流出口被彻底切断,淮河与诸湖塘逐渐合而为一,具有统一湖面的洪泽湖得以形成。随着洪泽湖的水域的扩大,曾经与盱眙县城隔淮相对的泗州城被淹没了,在泗州城还没有没入水底之前,淮上有浮桥相连。清代戚玾写过一首《浮桥新成》:

## 浮桥新成

### [清] 戚 玾

星槎难问斗牛遥,天堑俄分第一桥。

彩鹢横飞淮北雨,苍龙怒啮海东潮。

山开神禹功徒费,井冷支祁力半销。

行旅只今歌利涉,不须欸乃叩兰桡。

注:本诗引自[清]戚玾所著《笑门诗集》。

全诗气势恢宏,高度赞扬了浮桥的利民之功。然而,势不可当的黄河倒灌,终于在康熙年间使洪泽湖水吞噬了浮桥,也吞噬了曾经繁华的泗州城。直到咸丰五年(公元1855年)黄河自铜瓦厢改道经山东至利津入海,黄河夺淮才得以终结,历经七百多年的演变,洪泽湖成为淮河流域最大的湖泊(鞠继武,1961)。清代诗人王春芳的这首《洪泽湖远眺》描绘了洪泽湖大堤建成后,洪泽湖上的水浪滔天的壮美景象:

## 洪泽湖远眺

[清] 王春芳

纵目长湖水,空蒙远接天。

不风还激浪,无雨亦生烟。

大贾千樯集,长堤一线悬。

那堪回首忆,鱼鳖泣当年。

注:本诗引自"洪泽湖文学"2017 年 8 月《万顷碧涛化安澜》一文。

千里长淮,汇于洪泽,现在的洪泽湖湖盆,便是原淮河所经过的地方。清人丁大来《洪泽湖》一诗也道出了洪泽湖跨越千年,历经沧海桑田,今朝烟波浩渺的演变历史:

## 洪泽湖

[清] 丁大来

何年洪泽镇,高下汇成湖。

水阔青山小,天空白日孤。

征帆终一去,归雁共群呼。

陵寝前朝近,凄凉风雨徂。

注:选自夏宝国、裴安年,《千秋诗文洪泽湖》,2011。

由于黄河长期夺淮带来的巨量泥沙完全改变了淮河入海的原有水道,洪泽湖地区仍然水患多发。直到 1949 年后,政府重新治理淮河,在洪泽湖兴建了一系列控制工程,包括三河闸和入江水道等主要工程,才使得淮河下游里下河地区彻底改变了历史上长期遭受洪涝威胁的局面,并使得广大农田的灌溉水源得到极大改善。

治淮以前,洪泽湖汪洋一片,无边无际,洪灾肆虐;如今洪泽湖形似一只昂首展翅欲飞的天鹅,孕育一方水土,给养一方人民。洪泽湖和淮河入江水道的千年变迁,就是一部"人与自然共生"的壮丽史诗,为我们留下了人类智慧和文明的巨大财富,激励着我们在生态、和谐、绿色的发展大道中,迈步向前!

# 天与人间作画图
## 巢湖

（供图：杨盼）

千里江淮，巢湖最美。巢湖被誉为"皖中明珠"，地处安徽省中部，据巢湖、庐江、肥东、肥西和合肥四县一市境地，是安徽境内最大的湖泊。巢湖东西长 54.5 千米，南北宽 21 千米，与纵横交错的江河沟渠相吐纳，湖水由东南出口，经裕溪河下泄长江，巢湖水域面积约 750 平方千米，为我国五大淡水湖之一。

巢湖是一个典型的由断层陷落蓄水而成的湖泊（吴跃东，2010），大约形成于晚更新世末期（距今 1 万年左右）（贾铁飞等，2006），其湖盆形态沿断裂方向由中间向南突出，酷似"鸟巢"状，据推测巢湖因此而得名。巢湖古亦有焦湖、南巢之称，据《巢县志》记载："《淮南子》云，历阳之郡，一夕反而为湖。"说的是巢湖水域本是陆地，一夜之间陷落为湖的传说，相传当地一位老妇人焦母预先得知此事，便和其女一起通知乡亲逃脱，最终大家幸免于难，为祭奠焦氏故命名为焦湖。历史上有巢湖记载的文献资料最早出现在秦汉魏晋时期，如《三国志》《后汉书》《水经注》三部文献中都出现了"巢湖"的相关记载。随着记载的逐渐增加，对巢湖的描述也越来越清晰，其中《明史·地理志》《清史稿·地理志》明确记载了巢湖水域"四周延袤四百里"，巢湖在鼎盛时期的面积曾达到 2 000 多平方千米（米学芹和周怀宇，2009），远大于今天的巢湖。

历史时期的巢湖是如此浩渺，古往今来得到了无数文人雅士的流连吟咏。这里我们将穿越历史的长河，在巢湖大美的风光里分享诗词之美，领略"腹有诗书气自华"的巢湖风韵。巢湖之美，在于湖阔。风平浪静时，

连天平湖,帆影浮隐;风急浪高时,波涛翻滚,撼地震天。宋人刘攽有《巢湖》一诗云:

## 巢 湖

[宋] 刘 攽

天与水相通,舟行去不穷。

无人能缩地,何术可分风?

宿雾凝深黑,朝曦浴嫩红。

四山千里远,晴晦已难同。

本诗极为贴切地描绘了巢湖波澜壮阔、气吞山河的壮丽景色。还有如《望巢湖》、《中庙》、《姥山塔》等诗作都堪称描写巢湖壮美景色的佳作:

## 望巢湖

[明] 于觉世

长湖三百里,四望豁江天。

日气来残雨,风樯落晓烟。

环城一水阔,隔岸数峰妍。

南国春花早,游歌半扣舷。

注:本诗引自《巢县志(卷十九)·艺文志下》第429页。

## 中 庙

[明] 储良材

湖上高楼四面开,夕阳徙倚首重回。

气吞吴楚千帆落,影动星河五夜来。

罗隐诗留仍水殿,伯阳仙去只山隈。

长空送目云霞晚,两腋天风下凤台。

注:本诗引自合肥市巢湖风景名胜区管理委员会官方网站。

## 姥山塔

### ［清］吴季鸿

怀古重登百尺台,惊鸿雁阵入云哀。

天空蜀岭遥遥出,日落巢湖浩浩来。

注:本诗引自合肥市巢湖风景名胜区管理委员会官方网站。

巢湖的春夏秋冬,一年四景,也令诗人们如痴如醉。夏季的巢湖,湖岸飞红流翠,湖上粉莲碧荷,花香扑鼻,而湖岛却清爽怡人。北宋宰相、《资治通鉴》的编纂者司马光登姥山诗云:"湖岛映微寒,荷菱连水天。"宋代著名诗人陆游巡游巢湖赞之曰:"何曾蓄笔砚,景物自成诗。"

阳春三月,春风杨柳,莺歌燕舞,亦有诗云:

## 春日期巢湖旧事

### ［唐］谭用之

暖掠红香燕燕飞,五云仙珮晓相携。

花开鹦鹉韦郎曲,竹亚虬龙白帝溪。

富贵万场归紫酒,是非千载逐芳泥。

不知多少开元事,露泣春丛向日低。

秋日天高气爽,湖水凝碧,果实累累,自是一派斑斓的景色:

## 巢湖夜月

### ［宋］吴 潜

万顷茫茫一镜平,老蟾飞影出沧溟。

光阴玉宇冰壶净,冷浸金波雪练明。

一笛秋横鳌背隐,双瓶夜醉蜃楼清。

移帆更向鞋峰起,似有仙娥学弄笙。

注:本诗引自［清］李恩绶《巢湖志》稿本卷二。

入冬,候鸟南飞,湖面寒光盈盈,湖岸枯枝数尺冰凌,寒雾弥漫:

## 过巢湖

### [明]沈明臣

腊月湖波稳,乾坤自混茫。

烟霜弥四泽,水气隐三光。

尽日闻渔鼓,高云辨雁行。

孤舟兼晚岁,去路总他乡。

巢湖之美,不仅在湖,也在于山。湖中有山,山中有水,群峰环绕,妩媚多姿。矗立于湖心的姥山、鞋山,依傍在巢湖的四顶山、龟山、卧牛山,独具特色,各有千秋,是历代名士们寻幽探胜的好去处。如唐代诗人罗隐,曾游历巢湖北岸的四顶山,留诗:

## 四顶山

### [唐]罗　隐

胜景天然别,精神入画图。

一山分四顶,三面瞰平湖。

过夏僧无热,凌冬草不枯。

游人来至此,愿剃发和须。

最后一句"游人来至此,愿剃发和须",言简意赅,流露出诗人对风景怡人、四季如春的巢湖山水的喜爱之情。此外,诗人又登上了位于湖心的姥山,登庙瞰湖,胸中情愫万千,在其另一首诗《姥山》中,诗人浓墨重彩地描述了中庙(焦母)的传说,并指出巢湖陷落而成已达几千年,与巢湖的地质成因倒是相当吻合:

# 姥　山

## ［唐］罗　隐

临塘古庙一神仙，绣幌花容色俨然。

为逐朝云来此地，因随暮雨不归天。

眉分初月湖中鉴，香散余风竹上烟。

借问邑人沉水事，已经秦汉几千年。

注：后人在收藏至《巢湖志》书中时改诗名为"登巢湖圣姥庙"。

卧牛山位于巢湖市中，现海拔48米。在清代以前，登临巢县的卧牛山可远眺巢湖，清人刘桢、孙枝芳的诗中都曾有描述：

## 登牛山望焦湖

### ［清］刘　桢

纵目湖天远，烟霞一望收。

水光寒落照，山色淡深秋。

雁群浮云外，渔歌古渡头。

姥峰青似髻，砥柱立中流。

注：本诗引自《古今山水名胜诗词辞典》，陕西人民出版社，1991，第673页。

## 登卧牛山

### ［清］孙枝芳

天与人间作画图，南谯曾说小姑苏。

登高四望皆奇绝，三面青山一面湖。

注：本诗引自《古今山水名胜诗词辞典》，陕西人民出版社，1990，第671页。

从"纵目湖天远"、"渔歌古渡头"、"三面青山一面湖"等诗句描写的情况可见，那时登上卧牛山就能看到"天与人间作画图"的巢湖，还可以听到湖上传来的阵阵渔歌。如今，湖泊自然变迁和历代围垦，致使湖面缩小，在湖水位 8 米时,水面只有 750 平方千米,比古巢湖缩小 60% 以上,早已远离卧牛山,即便没有拔地而起的城市高楼的遮挡,现在登山也再不会眺望到巢湖了。

中庙是巢湖名胜,又名太姥庙、圣姥庙,被誉为"湖天第一胜处"。中庙初建于汉代,历代屡废屡修。后于唐龙纪元年(公元 889 年)重修庙宇,"鸳瓦挽空,虹梁用状,妙臻土木,美极丹青"(章震《重修巢湖太姥庙记》)。南唐保大二年(公元 944 年)再修,将太姥神像"立于宝室,列位于香坛",整个庙宇"状如画出,莫不梁横蝶来,瓦叠鸳鸯,丹楹将尽斗争妍,刻桶与雕檐斗耀"(章震《重修巢湖太姥庙记》)。明代进士储良材在《中庙》另一诗中也描写了筑于巢湖上的这座名庙的盛况:

### 中庙二

[明]储良材

赫赫雄名庙水涯,入门惊见坐柔嘉。

香林下植将军树,绮径惟开帝女花。

四面晴峰来远黛,一湖秋水浸浮槎。

下方饶有烟霞气,疑是金亭羽士家。

注:本诗引自合肥市巢湖风景名胜区管理委员会官方网站。

元朝时,庙基圈拱成桥被建为"熬背洞",于洞上筑殿。清时庙"有杰阁,有拜殿,有亭,有栏榭"。光绪十五年晚清名臣、安徽肥东人李鸿章饱含桑梓情怀,倡募重修山庙,同时还有姥山岛文峰塔的续建、中庙淮军祠堂的建造等,并留下一首七绝诗表达对家乡山水的眷恋:

### 绝 句

[清]李鸿章

巢湖好比砚中波,手把孤山当墨磨。

姥山塔如羊毫笔,够写青天八行书。

注:本诗引自"安徽文化网"。

巢湖除了绮丽的山光水色、浓厚的诗意风韵传世,还为人们留下了丰富的民俗瑰宝——巢湖民歌。巢湖民歌,伴随着巢湖古老的历史,历经千年一直传唱至今。其中人们耳熟能详的千古名篇《孔雀东南飞》就创作于巢湖岸边,全曲舒缓委婉,余韵不绝,它也是第一个被收录入历史文献典籍的叙事体巢湖民歌,据相关材料显示,目前被收录入各种歌曲集的巢湖民歌达500余首。如今,巢湖民歌是江淮地区民歌的代表,更是汉族民间音乐文化财富的重要组成部分(朱晓敏,2012)。

大美巢湖,壮阔雄浑而又妩媚秀丽,古风诗韵,源远流长,它美在人工,更美在天然,无愧是"天与人间"的绝妙画作!

# 青海长云暗雪山
## 青海湖

（供图：周舟）

青海湖位于我国青藏高原东北部,是中国最大的内陆咸水湖,也是世界上海拔最高的湖泊之一,湖区海拔 3 194 米,湖水面积 4 354 平方千米,最大水深 31.4 米,湖水平均矿化度 12.32 克/升,含盐量 1.24％。青海湖蒙语叫"库库诺尔",意为蓝色或青色的湖,古称"西海",又称"仙海"、"鲜水海"、"卑禾羌海"。北魏以后,始称青海。历史上最早关于青海湖的记载,见于郦道元(公元 465—527 年)的《水经注》,"海周七百五十余里,中有二山……二山东西对峙,水色青绿,冬夏不枯不溢。自日月山望之,如黑云冉冉而来"。青海湖区为大通山、日月山和青海南山所环绕,形成一内陆盆地,举目环顾,犹如四幅高高的天然屏障,将青海湖紧紧环抱其中。从山到湖畔,则是广袤平坦、苍茫无际的千里草原,而烟波浩渺、碧波连天的青海湖,就像一面硕大的翡翠玉盘镶嵌在高山与草原之间,构成了一派山、湖、草原相映成趣的壮美风光和绮丽景色。

青海湖是构造断陷湖,形成于中更新世(21 万～35 万年前)。当时湖泊为外流型淡水湖,湖水经东南方向的倒淌河穿野牛山后与曲乃河相连,汇入黄河。到晚更新世至全新世时期,整个湖区受喜马拉雅造山运动的影响,地壳不断抬升,加之东面的日月山快速剧烈隆升,终于封闭了青海湖,倒淌河水随之流入青海湖,由此青海湖演变为内陆封闭湖泊,湖水也逐渐开始咸化(杨萍,2011)。

青海湖湖区草原广袤,河流众多,水草丰美。早在汉代以前,羌人就在这里游牧;西汉末年王莽在湖东设西海郡,筑城戍守;南北朝后期至唐初,这里又成为吐谷浑王国活动的中心。在历史上这里长期处于民族纷争和地方政权割据的重要地域,也是历代王朝的西部边陲与中西部往来的交通要冲,加之这里又是重要的畜牧业生产基地,具有重要的战略地位,故为兵家必争之地,因此,湖区也成为古代中国西部的重要战场(薛佩,2015)。

唐前关于青海湖的诗作流传下来的很少。直到唐代,唐与吐蕃在这里进行过无数次大战,死伤不计其数,这里才逐渐作为民族融合的前沿阵地进入唐人的视野。壮阔的青海湖区在唐人眼中神秘而遥远,驰骋千里的骏马,高耸入云的雪山,空旷辽阔的草原,波涛汹涌的江河,无不充满了异域的神秘与新奇。加之战事频繁,唐代诗人描写青海湖的边塞诗,大部分都充满了悲壮的意蕴,如唐著名的边塞诗人王昌龄的《从军行七首》:

## 从军行七首(其四)

[唐]王昌龄

青海长云暗雪山,孤城遥望玉门关。

黄沙百战穿金甲,不破楼兰终不还。

壮阔的青海湖上乌云密布,让周边连绵的雪山都黯淡失色。边塞古城,玉门雄关,远隔千里,遥遥相望。守边将士,身经百战,壮志不泯,流露出唐朝将士不灭进犯之敌,誓不返乡的豪迈气概。此外,高适《塞下曲》诗中"青海阵云匝,黑山兵气冲",柳宗元《李靖灭吐谷浑西海上》诗中"洋洋西海水,威命穷天涯",崔融所著《关山月》诗中"月生西海上,气逐边风壮"等句也流露出了同样的意境。诗人们不仅通过诗篇抒发了他们建功立业的抱负,还描述了战争的残酷无情以及征戍之苦和思乡之情,如唐代诗人杜甫《兵车行》中"君不见青海头,古来白骨无人收。新鬼烦冤旧鬼哭,天阴雨湿声啾啾"的诗句就是对青海湖地区古战场悲惨景象的真实写照,还有李白的这首《关山月》,这些诗都充满了悲凉和凄楚:

## 关山月

### [唐] 李 白

明月出天山，苍茫云海间。

长风几万里，吹度玉门关。

汉下白登道，胡窥青海湾。

由来征战地，不见有人还。

戍客望边邑，思归多苦颜。

高楼当此夜，叹息未应闲。

北宋崇宁三年（1104 年），随着宋军第二次收复河湟（今青海东部），在西宁设西宁州，诗人们的创作也处于吐蕃文化和中原文化激烈碰撞和融合的时期（李逢春，2009）。这一时期的诗词开始以描写青海湖地区的景色为主，也流露出对收复失地的向往，如《陇东西》以及《出行》等诗作：

## 陇东西（其一）

### [宋] 王安石

陇东流水向东流，不肯相随过陇头。

只有月明西海上，伴人征戍替人愁。

随后，蒙古军南下占领了青海。在金、元统治的 200 多年时间里，统治者加强了蒙古草原文化的渗透，并征召儒士，留下了一批咏诵青海湖的佳作（李逢春，2009）。如元监察御史马祖常的《河湟书事》，全诗以清丽隽秀的笔墨描写了生机勃勃的青海湖及周边风光：

## 河湟书事

### ［元］马祖常

阴山铁骑角弓长,闲日原头射白狼。

青海无波春雁下,草生碛里见牛羊。

明清时期,中央统治势力开始到达青海地区,并采取安抚政策数度招抚青海蒙古族和藏族(明朝称为西番),边塞民族矛盾趋于缓和,这时反映边塞战事的作品大幅减少,尤其自清代开始,有关青海湖地区的自然风物、民俗风情的作品才逐步繁荣起来(李莱,2005;李逢春,2007)。如清代官员及诗人来维礼的《光绪乙亥登察汗城观青海》:

### 光绪乙亥登察汉城观青海

### ［清］来维礼

荷戈来塞外,薄暮上孤城。

海接青天立,山连白雾平。

番童冲云牧,野马啸风鸣。

一片秋烟起,遥闻去雁声。

诗人登上察汉城,遥望青海湖,描绘了雄浑壮阔的湖上风光,全诗颇具气势。此外还有清人李荣树的《晚登南禅寺三清殿》,陈文述的《日月山铭》,都从不同的角度描绘了湖区独具特色的自然及人文风光(李逢春,2008):

### 晚登南禅寺三清殿

### ［清］李荣树

石蹬层层路不平,登临绝巘四望惊。

田分万井村高下,烟点三川树纵横。

山势东来围古塞,河声北走撼边城。

自然落日照青海,欲泻杯中水一泓。

# 日月山铭

[清] 陈文述

青海万里,连山突兀。

一峰切云,出入日月。

麓抱琳宫,陆周帐部。

根蒂搏桑,枝柯骞树。

顾兔东跃,踆乌西沦。

佛说阿耨,仙言昆崙。

循环继照,叠璧飏采。

何以俪之,日星宿海。

青海湖的壮美曾让古往今来多少人铭记。然而,由于气候变化和人类活动的综合影响,青海湖已经出现了萎缩的趋势,曾经古籍记载的"魏周千里,唐八百余里","乾隆时七百余里"的青海湖湖面目前湖周已只有300公里。1955—1988年青海湖水位每年平均下降约10厘米,2004年青海湖水体面积缩小至四十多年来最低点,面积仅为4 138平方千米。此外,青海湖流域土地沙漠化趋势加剧、草场植被破坏日益严重、渔业资源濒临枯竭、野生动物和鸟类栖息环境恶化、流域内湿地不断萎缩等一系列生态环境问题,严重地影响了青藏高原的生态安全和经济社会的可持续发展。面对青海湖日渐短缺的补水供给和青海湖流域生态环境恶化的严峻态势,又不知有多少人在为此忧伤。

近年来,中共青海省委、省政府在不断加大对湖区周边环境治理力度的同时,实行了封湖育鱼、退耕还林还草、水土保持、草场围栏、天然林资源保护等一系列生态综合治理措施,并开展人工增雨工作,增加湖区降水量,目前已取得了一定成效。青海省气象科学研究所最新的遥感监测结果显示,青海湖面积持续8年增加,目前面积为4 354平方千米,比历年同期增加58平方千米,大约相当于10个杭州西湖面积。我们相信,在人类的科学治理和保护下,壮美的青海湖的明天会像《青海梦》这首歌中唱到的那样美好:

青青的山,蓝蓝的海

高天上流云映花开

遥远的青海

踏着牧歌向你我走来

在那遥远的地方

青色的海洋拥有七彩的光芒

在那遥远的地方

绿色的草原也有斑斓的梦想……

# 西域春水一时平
## 喀纳斯湖

（供图：王农林）

都说不到喀纳斯湖不知道新疆的美。美丽的喀纳斯湖，像一名温婉的维吾尔族少女伫立在阿尔泰山的脚下，蓝绿色的湖水静静流淌，明艳清澈，森林与辽阔的山间草原连成一片，蓝天白云下湖水的颜色变幻万千，令人心醉，2009年她被《中国国家地理》杂志评为"中国最美湖泊"（税晓洁，2009）。喀纳斯是蒙古语，意为"美丽富饶、神秘莫测"，原始森林、小木屋、图瓦部落和传说中的湖怪扑朔迷离，为喀纳斯湖蒙上了一层神秘的面纱，吸引着人们去了解她、探索她。

喀纳斯湖位于新疆布尔津县北部，是我国最深的冰碛堰塞湖，科研人员认为喀纳斯湖形成于断层活动与冰川侵蚀的双重作用。实际上，喀纳斯湖就是布尔津河的一部分，湖口被末次冰期晚冰阶（时间在2万年前左右）沉积的冰碛所阻，冰雪融水在冰碛堤坝后受阻形成湖泊（高顺利，1987）。深藏在峡谷中的喀纳斯湖，形如巨型弯月，两侧湖岸陡直如墙，许多地段岩壁近乎直立，如观鱼亭（即哈拉开特峰）平均坡度为32.2°，曼立根赛勒克峰平均坡度为29.7°，康达阿希尔峰平均坡度为28.3°，相比之下以陡峭闻名的云南洱海西岸（马龙峰），最大平均坡度也只不过18°（冯敏等，1993）。喀纳斯湖岸陡湖窄，湖水面积44.78平方千米，据水下地形测量，湖的平均深度竟达到120米；湖的库容也异常惊人，由于水深，喀纳斯湖的容积为$5.38×10^9$立方米，超过了我国著名5大淡水湖中的3个，即太湖（$5.15×10^9$立方米）、洪泽湖（$2.66×10^9$立方米）和巢湖（$3.6×10^9$立方米）（王洪道，1989），让人不禁感叹能形成如此深湖的古冰川是何等的壮观！

喀纳斯湖区森林景观原始古朴,生态系统完整,浓缩了阿尔泰山自然生态系统和景观的精华。湖泊两侧崖岩林立、植被茂盛,由于其特殊的地理位置和悬殊的地形地势,保存了完整的植被垂直带谱,是我国仅有的西西伯利亚山地南泰加林生态系统的代表,为针阔混交林。在茂密的原始森林和高山草原的簇拥下,隐匿着一个个传说中的原生态村落,那是图瓦人的家园。关于图瓦人的历史,一直存在着不同的说法,有人说他们是成吉思汗西征时遗留下来的士兵繁衍的后代。几百年来,他们就地取材,砍伐松树建造房子,过着定居放牧的生活,至今没有改变。图瓦人多穿蒙古长袍、长靴,居住在用松木垒砌的斜尖顶木屋里,主要以奶制品、牛羊肉、面为主食,常喝奶茶和奶酒,擅长赛马、射箭、摔跤等竞技活动(税晓洁,2009)。

说到成吉思汗西征,就不得不提到他的随行军师、元代杰出的少数民族政治家耶律楚材。耶律楚材,字晋卿,号玉泉老人,法号湛然居士,是辽契丹贵族的后裔,他不仅是元代杰出的军事家、政治家,还是从女真金进入蒙古元的早期诗人之一。在1219年,耶律楚材随成吉思汗大军远征西域,历时6年结束。如同历代文人墨客的西域之行一样,他也为我们留下了多达五十余首描绘这片神奇土地的诗文,其中最为人熟知的为《壬午西域河中游春十首》组诗。这里面有一首描绘了作者途经喀纳斯,被喀纳斯湖春日的美景所吸引,湖上冰水潺动,桃李复苏,一派春光明媚的佳景:

## 壬午西域河中游春十首(其一)

### [元] 耶律楚材

河中二月好踏青,且莫临风叹客程。

溪畔数枝红杏浅,墙头半点小桃明。

谁知西域逢佳景,始信东君不世情。

圆沼方池三百所,澄澄春水一时平。

异域春郊草又青，故园东望远千程。

临池嫩柳千丝碧，倚槛妖桃几点明。

丹杏笑风真有意，白云送雨太无情。

归来不识河中道，春水潺潺满路平。

"澄澄春水一时平"是古人对静躺在密林峡谷中喀纳斯湖的完美写照，"数枝"、"半点"、"三百所"、"一时"更体现出诗人对河景、湖景细致入微的观察，流露出诗人赏景欢愉轻松的情绪(徐雅婷，2010)。美丽的喀纳斯湖不仅震撼了历史，也让现今有幸目睹她芳容的人们着迷。虽无峻傲之高、纤柔之秀，却因林海而奇：落叶松挺拔，五针松苍劲，阴坡冷杉秀美，谷地云杉雄奇，浓枝密叶遮光蔽日，处处笼罩着原始的阴凉。山色掩映下的湖水衍生出各种奇异的色带，有黄的、白的、红的、褐的，而且形态各异，长短不一。这些色带条块分明，错落有致，这奇异的自然景观是大自然留给人类的神奇与造化。

喀纳斯湖令人心驰神往的不仅是她颇具异域风情的美景，还有关于"喀纳斯水怪"的神秘传说。相传喀纳斯湖的二道湾是湖怪出现的地方，常常把肥壮的牛羊拖入湖中吞食。又有报道称，在喀纳斯湖景区旅游观光的7名北京游客乘坐游艇行至三道湾附近停船拍照，当时水面平静，正在拍照的游客们突然发现离游船200米左右的水面激起1米多高的浪花，两个不明黑色大物跃出水面，一前一后，鱼跃前行……扑朔迷离的故事为喀纳斯湖增添了惊险神秘的色彩。其实，喀纳斯湖的水怪并非危言耸听，但"湖怪"也没有人们臆想的那般骇人。新疆生态学会理事长、新疆环境保护科学研究院袁国映研究员认为，"湖怪"很可能是哲罗鲑，这一说法他在20年前目睹"湖怪"现身时就已认定。他分析认为，在喀纳斯湖中生活的只有8种鱼，而其中只有江鱼雪和哲罗鲑可能长到1米以上，但江鱼雪一般生活在水底，而哲罗鲑会浮出水面(袁国映，2006)。从喀纳斯湖中捕到的哲罗鲑标本已得到验证，鲑标本长度已达1.45米，体重40千克左右，这种鱼的体形狭长，头部扁平，满嘴都是锋利的牙齿，即使在上下腭和舌头上也布满倒刺，使咬住的食物很难逃脱，研究人员于 2006 年在湖中观察到长度更大的哲罗鲑（袁国映，2006）。"喀纳斯水怪"的神秘面纱至此基本揭开，但当地的图瓦人仍然愿意相信"湖怪"就是保卫成吉思汗亡灵不受侵犯的"湖圣"，世代守卫着湖中的王陵。

蓝天、白云、冰峰、雪岭、森林、草甸、河流与喀纳斯湖交相辉映，湖光山色融为一体，既具有北国风光之雄浑，又具江南山水之灵韵，还有那传唱至今的古老传说、神秘故事，喀纳斯湖怎能不称作西域之佳景、仙景？

# 百里镜空含万象
## 赛里木湖

（供图：王农林）

诗中的擎海，即今赛里木湖，以擎海喻湖，也反映了高山湖泊的特征。赛里木湖虽然是湖泊，但依然有道道波涛，让人有置身海边的错觉，全诗将环绕湖泊的"层峦"所创造出的浩瀚动感世界描绘得栩栩如生。

清代著名文学家洪亮吉则赞美赛里木湖为"净海"，在《净海赞》中描写了作者遣戍伊犁，由乌鲁木齐途经赛里木湖，奉赦东归再访赛里木湖的情景(李娟，2002)，向世人展示了一幅情景交融又极富动感的塞外山水画："来至三台，有水焉，广阔可五百步，深至无底。有岛屿，无委输，不生一物，不染一尘，投以巨细，顷刻必漂流上岸，土人称为西方净海……因历数宇内灵山秀壑，笠履所至者，或同兹幽奇，实逊此邃洁，诚西来之异境，世外之灵壤矣。"

清代著名史地学者祁韵士，在他所著的《万里行程记》中不惜笔墨，详尽地记录了他与赛里木湖的相会："西行八十里至三台。四面皆山，中有一泽，呼为赛里木诺尔，汇浸三台之北。青蓝深浅层出，波平似镜，天光山色，倒映其中，倏忽万变，莫可名状。时有鸳鸯、白雁，往来游泳，如海鸥无心，见人不畏，极可观也。"并在《西陲竹枝词》组诗中为"赛里木海子"专题诗一首：

## 西陲竹枝词（其一）

### ［清］祁韵士

澄波不解产鱼虾，饮马可曾问水涯。

碧草青松看倒影，蔚蓝天远有人家。

清道光年间，在新疆参与平叛的武官方士淦，在其所著的《东归日记》中，不仅记载了赛里木湖之美，还叙述了它的奇特之处："四十里至三台湾，海子周围数百里，四山环绕，众水所归，天光山色，高下相映，澄鲜可爱。中有海岛，内有海眼，通大海，有海马，人常见之。"对此充满好奇心的还有清代诗人萧雄，他在《赛喇木泊》中写道"海深不可测，无鱼虾，惟夜间时闻博激吟吼声，非神物必怪物也"，更是增加了赛里木湖的神秘色彩。

如诗如画的赛里木湖，千百年间不知有多少客商马队曾经露宿湖边，多少僧侣跋涉至此，多少文人墨客、遣吏征夫，撰诗赋文，也不知留下过多少动人的故事和赞美之词。事实上，赛里木湖，这泓只应天上有的碧波就是一首永远写不完的诗篇，它是丝带，是宝镜，是历史的结晶，更是蓝天下无尘的幻境。

# 雁塞通盐泽
## 罗布泊

学院遥感与数字地球研究所

罗布泊,提起这个名字就让人不禁想到我国西北部存在的那片神秘而危险的荒漠,这里被称为"死亡之海",是荒漠中的荒漠。然而,这里却曾经孕育了繁华的楼兰古城,是远古丝绸之路的咽喉门户,是鱼、鸟和人类共享的天堂,水草丰美,绿树成荫,渔歌唱晚。罗布泊(Lop Nor),位于中国新疆维吾尔自治区东南部,曾是我国第二大咸水湖,由于形状宛如人耳,被誉为"地球之耳"。《山海经》称之为"幼泽",后也称盐泽、蒲昌海、牢兰海,元代以后称罗布淖尔(钱斯文等,2013)。

由于地处边疆,它并不是江南才子们游历咏诵的对象。说到关于罗布泊的诗,就不得不提到我国唐代著名的边塞诗人岑参。岑参(约715—770年),是唐玄宗天宝三载(744年)进士,初为率府兵曹参军即从军边塞。天宝末年,封常清为安西北庭节度使时,岑参为其幕府判官,这是他第二次来新疆的升任情况。此后他又被提为伊西北庭支度副使。岑参两次入疆前后共五六年之久,尤以第二次入疆后写的诗较多,也较著名。比如他的代表作《白雪歌送武判官归京》《轮台歌奉送封大夫出师西征》等,这些诗词都真实地描写了新疆西北部地区的气候和壮丽多姿的自然风光,其中在《献封大夫破播仙凯歌》一诗中,诗人提到了罗布泊的景色:

## 献封大夫破播仙凯歌

### [唐] 岑 参

官军西出过楼兰,营幕傍临月窟寒。

蒲海晓霜凝马尾,葱山夜雪扑旌竿。

这是其组诗《凯歌》中的一首,咏颂了唐朝安西副大都护封常青出征播仙(今新疆且末县内),获得大胜的豪情。诗中的蒲海,又名蒲昌海,就是现今的罗布泊。葱山,即葱岭,新疆境内的天山和昆仑山,都是它的干脉。诗人以生动的笔触描绘了我国西北地区奇丽的自然风光,并以慷慨的情怀歌颂边防将士豪迈的军旅生活。楼兰、蒲海和葱山,广阔的地区连成一片,晓霜和夜雪交织成一幅幅图画:严寒季节军队西征经过"楼兰",营寨驻扎到了冰冷的"月窟"边,清晨白霜凝结了马尾,在如此恶劣的自然条件下,战士们却冒着严寒,坚持战斗。边塞的夜晚山风挟着夜雪,猛扑过来,气势汹汹,而矗立在营寨前面的旗杆岿然不动。从豪壮奔放的诗句中,可以感受到诗人一片维护祖国统一的激情。

唐代宗时,岑参又任嘉州刺史,其间再次从军边塞,抵达北庭(今新疆吉木萨尔县),有感题诗《北庭作》一首曰:

## 北庭作

### [唐] 岑 参

雁塞通盐泽,龙堆接醋沟。

孤城天北畔,绝域海西头。

秋雪春仍下,朝风夜不休。

可知年四十,犹自未封侯。

当时唐代宗为了安定边疆社会秩序,保障各族人民的和平生活,在西域进一步加强了军事行政管理,先后在天山南北设置了安西(今库车)和北庭两大都护府,政治势力达到天山北麓,西至楚河地区以及黑海的东岸和北岸(王秉诚,2017)。盛唐对边疆的不断开发,激励了当时许多有雄心立功边疆,创立大业的有志之士,岑参就是其一。他长期旅居边疆,对少数民族的风俗、征战生活和塞外风光都有着细致的观察和深刻的体会。这首《北庭作》中,"盐泽"即指罗布泊,"龙堆"是白龙堆的简称(为古西域沙丘名)。"孤城天北畔,绝域海西头"不仅描绘了北庭都护府的地理位置与管辖范围，也勾勒出当时罗布泊浩瀚辽阔、大漠浑浑壮美的景色。

岑参对北庭有着深厚的感情，那里的一草一木都在他心中留下了深刻的烙印。在《梁州陪赵行军龙冈寺北庭泛舟宴王侍御》中，诗人不吝笔墨地描绘了当时北庭湖水滢滢，水草丰茂的景色：

## 梁州陪赵行军龙冈寺北庭泛舟宴王侍御

[唐] 岑 参

谁宴霜台使，行军粉署郎。

唱歌江鸟没，吹笛岸花香。

酒影摇新月，滩声聒夕阳。

江钟闻已暮，归棹绿川长。

诗人以极为形象的笔调，描绘了宴游的欢畅。婉转优美的歌声，让在水面飞旋的鸟儿也听得出神而落入水中；悠悠笛声飘散在两岸的花香中，新月如钩，明净的月影映在酒杯中摇晃荡漾；湍急的水流拍打着岸滩，夕阳西下，远处渔船上的钟声响起，傍晚船只们沿着碧绿苍翠的河道缓缓回航。正是这幅塞外春天的优美景色，把诗人迷入醉乡，流连忘返。

彼时的边疆真的是一片水草丰美，绿树成荫，渔歌唱晚的美景，彼时的罗布泊也是"广袤三百里，其水亭居，冬夏不增减"。然而，罗布泊这个昔日的大湖，自 20 世纪 70 年代干涸后，成为沙漠，被世人视为"生命禁区"，上无飞鸟，下无走兽，荒凉死寂，人烟断绝，黄沙漫天。而关于楼兰凭空消失的原因，也成为罗布泊最著名的千古之谜。

罗布泊干涸的原因很复杂，这里既有全球变化的大背景，也有地域性的构造运动，同时还与人类盲目滥用塔里木河水资源，导致下游河道干涸，罗布泊断水，生态环境被彻底破坏有关。罗布泊的消逝，也向后人敲响了人与自然和谐共处的警钟。罗布泊，它是中国西部的传奇，它的极端环境令人生畏，它的辉煌历史令人向往。不论是什么原因导致楼兰古城变成沙漠中的废墟，楼兰的灿烂文化和罗布泊昔日的壮阔辉煌都将永远存在于我们的追忆中。

# 芦花深处唤拿舟

## 白洋淀

白洋淀作为我国华北地区少有的内陆淡水湖，周边风景秀丽，生态优良，犹如一颗璀璨的明珠镶嵌在京津冀腹地，被誉为"华北明珠"。白洋淀主体位于现河北省雄安新区安新县境内，地处太行山东麓永定河冲积扇与滹沱河冲积扇相夹持的冲积平原洼地，所在区域河网水系发达，周围大小淀泊达到140余个，直接承接了大清河水系南支即潴龙河、孝义河、唐河、清水河、金线河、府河、漕河、瀑河、萍河等来水，俗称"九河下梢白洋淀"（翟广恒和李亚峰，2007）。

　　白洋淀最早见于记载的名称或为"祖泽"，《水经注》记载"易水又东，埊水注之，水上承二陂于容城县东南，谓之大埊淀、小埊淀"，这里的大埊淀（也作大渥淀）、小埊淀（也作小渥淀）即白洋淀。西晋时为开凿运河"掘鲤之淀，盖节之渊"称掘鲤淀，北魏时称西淀，北宋至明嘉靖间称西塘，并出现"白羊淀"名，为史载容城、雄县、安新间九十九淀之一（彭艳芬，2017）。此后因白洋淀本淀面积居各淀之首，故今总称白洋淀。"枝流条分，往往经通"的白洋淀成为北方的水乡泽国，人们世世代代在这里辛勤劳作，繁衍生息。

　　白洋淀流域也曾是"燕南赵北"、"宋辽对峙"的兵家必争之地。相传荆轲刺秦"风萧萧兮易水寒，壮士一去兮不复还"的英雄悲歌就出自这里。易水河是白洋淀上游的一条补给河，从唐代起就成为文人墨客咏诵的对象。唐代著名诗人骆宾王途经此地，便留下了传世名篇《于易水送人》：

## 于易水送人

### ［唐］骆宾王

此地别燕丹，壮士发冲冠。

昔时人已没，今日水犹寒。

当时骆宾王不满武则天的统治，写出了这首诗。虽然诗名为"送人"，实则借描写燕丹送荆轲表现出今日送别的壮烈情景，借咏易水河水的冰冷刺骨，曲折地表达了诗人彷徨苦闷的心境。后来，诸多诗人也效仿前人创作了很多"易水送别"诗，借景抒怀。比如，唐代诗人胡曾在《易水》诗曰："一旦秦皇马角生，燕丹归北送荆卿。行人欲识无穷恨，听取东流易水声。"明代诗人李东阳也慨叹："田光刎头如拔毛，于期血射秦云高。道傍洒泪沾白袍，易水日落风悲号。"这些千古佳句都流露出"易水秋风"的悲壮色彩。

白洋淀虽地处水乡泽国，有九河滋养，但其历史也是命途多舛，多次濒临干涸的窘境。有资料显示，从 1517 年到 1948 年的四百多年间，白洋淀水域共发生过四五次干涸。白洋淀十年九涝，水多了涝，水少了干。曾来雄县的宋代诗人苏辙目睹白洋淀当时的情景后，作诗感叹：

## 奉使契丹二十八首 赠知雄州王崇拯二首（其一）

### ［宋］苏　辙

赵北燕南古战场，何年千里作方塘。

烟波坐觉胡尘远，皮币遥知国计长。

胜处旧闻荷覆水，此行犹及蟹经霜。

使君约我南来饮，人日河桥柳正黄。

诗中"何年千里作方塘"一句可见当时方圆千里、浩瀚无际的白洋淀（当时称为西塘）并不存在了，诗人也只是听闻旧说而已，"胜处旧闻荷覆水"，以前这里应该是荷叶满塘遮蔽了水面，如今泛舟塘中像霜天的螃蟹行走一般艰难啊！

明代弘治以前,白洋淀淤积,并可耕种,其中北淀彻底干涸被辟为牧马场,直到明正德年间,杨村河(潴龙河)决口,水患巨大、民田尽没,白洋淀得以重新蓄水,出现了"汪洋浩渺,势连天际"的景观,于是将牛羊的"羊"字,换成了汪洋的"洋"字,改称白洋淀。此时烟波浩渺的白洋淀,风景秀丽,天水相连,水草丰美,鱼鸟成群,文人墨客慕名而来留下了大量称颂白洋淀的诗篇:

## 渥水呼舟

[明] 孙承宗

匹马杨林野渡头,芦花深处唤拿舟。

渔郎不识行吟者,欸乃一声起白鸥。

注:本诗引自河北省安新县人民政府网。

## 白洋泛舟

[明] 刘梦元

漠漠湖光接远天,苍茫云树亦依然。

芰荷香散烟霞外,鸥鹭风翻锦缆前。

眼低笑看蓬底醉,望中人拟镜中仙。

留连落日思归去,携手河梁月满舡。

注:本诗选自《保定古代文学作品选》,北京:中国文史出版社,2012。

## 白洋垂钓

[明] 邵 炯

日日持杆钓锦鳞,片帆常挂白洋滨。

笠翁非是耽云水,只恐红尘误月人。

注:本诗引自《安新县志》,北京:新华出版社,2000。

## 白洋淀同房素中泛舟归饮

[明] 郑　林

高秋积雨渺淙淙，此际湖光好放艘。

蜃气千重疑大海，波涛万里似长江。

金茎夜湿鲛鮹帐，银汉晴连水阁窗。

结客良游聊纵饮，碧荷无谢玉为缸。

注：本诗引自白洋淀文学网。

## 长沟钓叟

[明] 刘　恺

芦花深处小舟横，长占烟波兴不穷。

卖酒旗摇青柳外，打渔人在白云中。

小竿钓破波心月，短笛吹清水面风。

时得鲜来沽酒醉，谁知天乐在渔翁。

注：本诗引自《安新县志》，北京：新华出版社，2000。

芦苇是白洋淀的特产。《诗经·国风》中曾描述"蒹葭苍苍，白露为霜。所谓伊人，在水一方"，荡漾的芦苇丛给人以悠远的美感和无限遐想。芦苇浑身都是宝，芦花穗可作笤帚，花絮可填枕头，五月的苇叶可用来包粽子，鲜嫩的根可熬糖、酿酒，老芦根可入药。成熟的芦苇，可以织席打箔，铺房扎围，编篓围栏，编织工艺品等。芦苇自身含有大量纤维，还是造纸的上好原料。

夏季更夺人眼球的是铺天盖地的荷花，"白洋五日看回花，馥馥莲芳入梦来"。放眼望去，满淀的荷花红绿分明，错落有致，宛若花的海洋，美不胜收。收获的菱角、莲藕，是大众美食，荷叶饼、荷叶茶是白洋淀历史悠久的特产。

据清史记载，清朝康熙皇帝于康熙十六年至于康熙六十一年，曾 36 次到白洋淀，多次对白洋淀的水患进行整治，还修建了 4 处行宫，可惜经

历沧桑变迁,故迹都已荡然无存,只留下他在游览白洋淀时吟诵的千古名句:

## 白洋湖

[清] 爱新觉罗·玄烨

遥看白洋水,帆开远树丛。

流平波不动,翠色满湖中。

乾隆年间,乾隆仿效先帝之举,来白洋淀游览并督修水利,题诗感慨道:"万柳跋长堤,江乡景重题。谁知今赵北,大似向杭西。"早知燕赵有此景,何必千里下江南呢!

20世纪40年代,白洋淀的芦苇荡是抗击日本侵略者的风水宝地。在这里"水上飞将军"的雁翎队头顶荷叶,嘴衔苇管,隐蔽在芦苇荡中,伏击敌人保运船。这支部队利用白洋淀独特的地理优势,以及聪明的作战技巧,在与日军作战中屡立奇功。白洋淀流传了大量大家耳熟能详的经典抗日故事。

然而,自从20世纪60年代以来,白洋淀的干涸愈加频繁,尤其是在1983—1987年的五年时间内,白洋淀一度彻底干涸,成为华北的"罗布泊"。干涸后的白洋淀再也看不到泛舟芦花深处的诗意,取而代之的是枯萎的芦苇秆和废弃的捕鱼船散落在龟裂的湖底,湖底由于车辆通行坑坑洼洼,晴天一层灰,雨天一抹泥。

白洋淀属于半封闭式浅水湖泊,水源的供给主要来自大气降水和上游来水。据统计,在清朝200多年时间内,白洋淀水面缩小了近五分之四,面积由1 000余平方千米缩小到目前的360平方千米。1949年以后,为了防洪排涝和生产建设,上游兴建了大小共计90余座水库,并人为截断了八条入淀河流,导致上游流入白洋淀的水量也大大降低,加速了淀区水环境恶化。一方面是整个白洋淀流域居高不下的蒸发量和逐年减少的降水量,另一方面是人类活动不断增长的需水量,白洋淀的水矛盾日益突出,水资源严重短缺(刘丹丹,2014)。事实上,从1972年周恩来总理召开专门座谈会研究白洋淀有关问题以来,对白洋淀水资源短缺的整治行动已经开展了四十余个年头,然而在气候原因和人类活动的双重作用下,白洋淀的水环境问题始终未得到有效扭转。

2017年4月1日,中共中央、国务院印发通知,决定设立河北雄安新区。这个开天辟地的"国家大事、千年大计"使走过40余年风风雨雨治理之路的白洋淀迎来了崭新的历史机遇。推动白洋淀水系的污染治理势在必行,尽管还有很多困难和不确定因素,但由于超越了地方利益,华北地区的水资源得以重新配置,将会有更多的生态水进入白洋淀,从根本上起到保护白洋淀的作用(杨明森,2017)。可以预见的是,在不久的将来,白洋淀会一改多年或污水横流或干涸见底的尴尬局面,一颗蓝绿交织、清新明亮、生态优良的"华北明珠"将在华北大地重新绽放光彩。

# 澄江色似碧醍醐
## 抚仙湖

（供图:李凯迪）

抚仙湖位于云南省中部玉溪市郊,距离昆明60千米,其形如倒置葫芦状,两端大、中间小,北部宽而深,南部窄而浅,南北长约30千米,湖岸周长90.6千米,水域面积216平方千米。抚仙湖平均水深95米,最深处达158米,蓄水量占云南省九大高原湖泊水量的67%,相当于12个滇池的容水量,是我国第二深高原淡水湖泊,也是我国水质最好的湖泊之一(荆春燕等,2004)。

抚仙湖形成于喜马拉雅运动和新构造运动,是云贵高原抬升过程中形成的断陷型深水湖泊(董云仙等,2015)。大约在300万年前,喜马拉雅山脉的隆升,引起了一系列断层贮水及岩石熔蚀,形成了云南高原群山中的众多湖泊,抚仙湖也于那时形成。唐代樊绰著《蛮书》称抚仙湖为"大池",宋大理国在澄江设罗伽部,抚仙湖又名"罗伽湖",明代始称抚仙湖。抚仙湖的得名无从可考,相传石、肖二仙慕"湖山清胜",忘了回返天庭,变为两块并肩搭手的巨石,站立在湖的东南方,在湖上驾舟遥望,还隐约可见,有此仙人遗迹,故名抚仙湖(董云仙等,2015)。

抚仙湖与云南的其他湖泊一样,由于历史上地处"西南夷",并不为中原文人雅士所悉知,并且战乱不断,少有的相关文学作品内容记叙也不客观。直到明朝统一云南之后,关于抚仙湖的诗作才丰富起来。对抚仙湖风貌了解最全面的当属明代著名文学家、有"明代三大才子"之称的杨慎。杨慎,号升庵,是明正德年间殿试状元,因朝堂之争被明嘉靖皇帝贬至边陲云南并且永不许还朝,他才得以有充足的时间品味云南的一山一湖、一花一木。杨慎在澄江会友,携友人一同乘船由一河相连的星云湖沿海门河至抚仙湖游览,留下诗作《自江川之澄江赠王钝庵廷表并柬董西泉云汉三首》:

## 自江川之澄江赠王钝庵廷表并柬董西泉云汉三首
### [明] 杨　慎

通海江川湖水清,与君连日镜中行。

孤山一点冲烟小,何羡霞标挂赤城。


澄江色似碧醍醐,万顷烟波际绿芜。

只少楼台相掩映,天然图画胜西湖。


海螯江蟹四时供,水蓼山花月月红。

自是人生不行乐,莼鲈何必羡江东。

　　组诗对于抚仙湖的赞美可谓达到了极致,其一描绘了携友人在风平浪静、明澈如镜的湖上泛舟赏景的闲适之景,在如此胜景中何须羡慕神仙的生活呢? 其二是说湖上尽管没有精致雕琢的亭台楼阁,"澄江色似碧醍醐"的抚仙湖碧波万顷,它的自然风光与号称"人间天堂"的西湖相比有过之而无不及。第三首讲述了抚仙湖不仅景色宜人而且水产丰富,有此地的美食美景相伴,驰名天下的江东美味又何足道哉! 抚仙湖以水清为最,能见度至今都可达 7~8 米,难怪明代地理学家、旅行家徐霞客面对这水天一色,碧波万顷的抚仙湖,也叹喟"滇上多大池,惟抚仙湖最清"。诗中的孤山是指漂浮于抚仙湖上如一叶扁舟的孤山岛,孤山岛的景色在元明时期即有"巍然形胜冠南洲"的美誉,吸引了不少文人墨客慕名前来游赏。杨慎也在此留下七言律诗一首:

## 孤山次韵答刘念台太史

[明] 杨 慎

秋动湖头怅断鸿，来无握手去匆匆。

酿成新法皆吾党，卸却浮名是彼佣。

一水萦盈人自远，万山迢递月相同。

黄冠白衲堪逃世，珍重交情片纸中。

注：本诗引自《江川古今诗联选》，江川县文联编，2013。

诗以"孤山次韵答刘念台"为题，抒发了诗人漂泊异地的苦闷及对远方友人的思念。这四首诗曾被收入《澄江府志》第十五卷"艺文"中，并流传至今。如今在云南澄江抚仙湖禄充景区观音庙附近的石碑（诗碑）上，仍保留着明代的若干诗词"艺文"：

## 抚仙湖

[明] 曹 邃

澄湖似镜酒如渑，酬酢相将几尽情。

两岸云山留晚翠，一溪烟栅弄春晴。

浴凫未起归帆远，钓艇初回拂浪轻。

倒影渐随西日淡，前峰浮动月华生。

注：本诗引自《江川古今诗联选》，江川县文联编，2013。

## 海口铺

[明] 晁必坚

群山一望远溟溟，百里湖光小洞庭。

最是澄江风日好，未曾春到已先青。

注：本诗引自《江川古今诗联选》，江川县文联编，2013。

明人李蕃流传于民间的歌行体诗《河阳曲》中"河阳之山翠云叠,河阳之水清皎彻。合郡花开春毋迟,东风上下飞姻蝶"(河阳为抚仙湖故称)(引自《澄江府志》十二卷),朱应登所著《泛舟歌》中"澄江江波翠萧爽,扁舟远泛临江上。烟消日出意兴浓,牙樯掠它平如掌"(孙秋克,2008)等词句都从不同角度描绘了抚仙湖湖水清澈、四季如春、山清水秀、风光旖旎的佳景。此外,清代官员兼诗人赵士麟、李发甲、吴自肃、李应绥、李光弼等都为后人留下了描绘抚仙湖风光的佳句。如:

### 抚仙湖即事

#### ［清］李发甲

四面晴岚接远天,湖光潋滟抱城还。

风含细浪文成藻,云郁千峰锦作烟。

村舍桑麻耘绿野,井间刀尺促新蝉。

清樽此日成嘉会,少长追陪玳瑁筵。

注:本诗引自《江川古今诗联选》,江川县文联编,2013。

### 澄江怀古

#### ［清］吴自肃

凤仪山麓峙孤城,人望仙湖照眼明。

漱玉草迷丞相墓,云龙烟闭武乡营。

菜花曾许游人醉,华藏还怜浦水清。

凭吊无从探往牒,细将遗事间诸生。

注:本诗引自《江川古今诗联选》,江川县文联编,2013。

古人对抚仙湖风光描绘之贴切、生动,对自然体察之细腻入微,语言表达之高明纯熟,令人心悦诚服。尤其是被清人奉为"澄江十景"的"仙湖夜月",月色下的抚仙湖"琉璃万顷",更是得到了诗人们不遗余力的赞美,光是以《仙湖夜月》为题的诗就多达数首：

## 仙湖夜月

［清］李光弼

爱月瀛洲客，秋宵兴若何。

清光艾桂树，游泳狎鲸鼍。

碧落天无翳，仙湖水不波。

琉璃成万顷，隐隐听霓歌。

注：本诗引自《江川古今诗联选》，江川县文联编，2013。

## 仙湖夜月

［清］赵士麟

俞元仙迹问仙湖，一片烟波点荻芦。

天上自来通碧海，人间不道有蓬壶。

凫鸥泛泛眠沙渚，桃柳阴阴入画图。

最爱夜深蟾殿启，琉璃万顷一痕孤。

注：本诗引自《江川古今诗联选》，江川县文联编，2013。

## 仙湖夜月

［清］李应绥

万顷平湖一鉴清，谁教皓魄涌波明。

光摇碧落通银汉，影荡秋风动石鲸。

望月全疑琼宇合，观涛恍识水晶莹。

凭虚不用乘槎想，时泛仙舟到海瀛。

注：本诗引自《江川古今诗联选》，江川县文联编，2013。

抚仙湖不仅多"艺文"，也多"杂异"，上述李光弼所述"游泳狎鲸鼍"，赵士麟的诗中所言"俞元仙迹问仙湖"都是抚仙湖流传至今的"杂异"奇谈。这个"游泳狒鲸鼍"中的"鼍"（读 tuó 音），在古代被用于指水中的怪物，《现代汉语词典》将它解释为"鼍龙或扬子鳄"，清贡生江川人侯宏度也有诗写道"仰射九霄栖鹳鹤，俯临百仞隐蛟鼍"，可见古人对抚仙湖水怪的描述是早已有之。更令人称奇的要数"俞元仙迹问仙湖"，诗句中提到的俞元古城，据考古发现抚仙湖底居然存在一个 2 000～3 000 年历史的古滇聚落群，该遗址一经发现便名声大噪，各大媒体争先直播报道，随后云南省有关部门首次向外披露，抚仙湖底确实存在着规模宏大的具有一定城市功能的古建筑群遗址，可称中国的"庞贝古城"。有专家学者指出这很可能就是在唐代天宝年间突然消失的古俞元县城，并推测古城由于地震而沉入湖底，然而这一段历史在史书上没有留下一点儿蛛丝马迹。于是俞元古城的消失，成了"千古之谜"，至今仍未完全解开，水下的古城也给抚仙湖披上了一层神秘的面纱。

抚仙湖不仅有"艺文"和"杂异"相映成趣，它在科学研究上的价值也是举足轻重。位于抚仙湖畔帽天山的澄江化石地拥有保存完整的寒武纪早期古生物化石群。澄江古生物化石群共涵盖了 16 个门类，200 多种动物的化石标本，再现了 5.3 亿年前海洋动物世界的真实情景，被誉为"二十世纪最惊人的发现之一"，为研究地球早期延续时间为 5 370 万年的生命起源、演化、生态等理论提供了珍贵证据（段艳红等，2017）。

抚仙湖，这个位于滇中大地上的湖泊，有着辉煌的诗文和颂歌，有着神秘的历史和故事，有着地壳变动和生命历程的展示……抚仙湖的湖水、湖底和湖岸都蕴藏着太多令人惊叹不已的自然和人文奇迹，等待着人们去发掘、去探索这远古的深邃与文明之光。

# 昆池千顷浩溟漾
## 滇池

滇池被誉为"高原明珠"，位于云南省昆明市西南，又名昆明湖，古称滇南泽。滇池海拔 1886 米，南北长 40 千米，东西平均宽 8 千米，平均水深5 米左右，面积 330 平方千米，为我国第六大淡水湖泊（于希贤，1999）。清代诗人孙髯翁曾题 180 字《昆明大观楼长联》描写滇池风光："五百里滇池，奔来眼底，披襟岸帻，喜茫茫空阔无边。看东骧神骏，西翥灵仪，北走蜿蜒，南翔缟素。高人韵士，何妨选胜登临。趁蟹屿螺洲，梳裹就风鬟雾鬓；更苹天苇地，点缀些翠羽丹霞，莫辜负四围香稻，万顷晴沙，九夏芙蓉，三春杨柳。"将"五百里"滇池的壮美山水画卷展现在我们眼前。浩瀚辽阔的滇池既有大海的气势恢宏，又具湖泊的妩媚韵致，置身四季如春的昆明，滇池的一景一物、一草一木都美不胜收。

　　有关滇池的诗赋与云南地区的发展息息相关。云南早在先秦时期就得到了开发，唐宋以来，随着南诏、大理政权的建立，经济文化日趋繁荣，与中原的文化交流也随之迅速发展。自元朝后人们更是对云南这片土地有了全面客观的认识，在文学领域涌现出大量记叙、称颂滇池的文学作品（陈红梅，2016）。

　　最早将云南写进诗中的唐代诗人是骆宾王，他在《杂曲歌辞·从军中行路难二首》中写道"灞城隅，滇池水，天涯望转积，地际行无已"、"川源绕毒雾，溪谷多淫雨"。唐代，受汉族一统天下封建思想格局的束缚，中原诗人们对云南了解甚少，认为云南要么是一片不毛之地，要么就是一个遥远而神秘的地方。因此，在这位名垂后世的诗人眼中，滇池距长安皇族富豪盘踞的霸陵县城极其遥远，诗歌描绘了中原军队平定南荒远涉行军的艰难。盛唐时期,涉及滇池的唐诗多以天宝战争为主题,如唐代诗人高适《李云南征蛮诗》中的描绘"鼓行天海外,转战蛮夷中。梯巘近高鸟,穿林经毒虫",诗人储光羲的《同诸公送李云南伐蛮》诗中说"昆明滨滇池,蠢尔敢逆常。天星耀铁锁,吊彼西南方"。这些诗句都带有浓烈的政治色彩,所反映的内容也有失偏颇。天宝战争以唐军全败收场,给历史留下了血的教训,唐代著名诗人杜甫在其《秋兴八首》(其七)中以叙景的手法隐喻了战争给人们带来的灾难:

### 秋兴八首(其七)

[唐] 杜 甫

昆明池水汉时功,武帝旌旗在眼中。

织女机丝虚夜月,石鲸鳞甲动秋风。

波漂菰米沉云黑,露冷莲房坠粉红。

关塞极天惟鸟道,江湖满地一渔翁。

中唐以后,战事平息,诗人们写云南的作品也趋于缓和,开始吟咏云南的山川风物,如南诏名物赤藤杖就被唐代诗人韩愈写进了其诗《和虞部卢四酬翰林钱七赤藤杖歌》中"赤藤为杖世未窥,台郎始携自滇池"。此外,童翰卿所著《昆明池织女石》中"一片昆明石,千秋织女名。见人虚脉脉,临水更盈盈。苔作轻衣色,波为促杼声。岸云连鬓湿,沙月对眉生",温庭筠所著《昆明池水战词》中"汪汪积水光连空,重叠细纹晴漾红""渺莽残阳钓艇归,绿头江鸭眠沙草"等诗句对滇池的刻画都更加客观细腻,向世人展示了一个全新的云南和滇池。

云南的社会经济也得到了相应的发展。南诏政权在滇池旁建拓东城(古昆明),并修建西渡口(西山高峣)和东渡口(今官渡)两个水路码头,之后两渡口间商贾往来频繁,今官渡一带逐渐形成繁荣的集市(昆明市滇池管理局网站,2015)。元代普祥撰《创建官渡妙湛寺碑记》中说,宋代大理国时期善阐(拓东)演习(城防主将)高生世常乘舟优游滇池至"云水杳霭"

的官渡,泊船饮酒赋诗,被称之为"停舟烟会"。文人雅士们也争相仿效,"朝泛昆池艇,夜归官渡村"成了风行一时的习尚(方国瑜,1979)。

如果说唐宋时期,几乎找不到能够完整反映云南滇池风貌的篇章,那么从元代开始,随着滇池治水工程的开展,人们开始全面并清晰地认识了解滇池。滇池古为"巨浸"。据《昆明水利志》描述,上古时期的昆明坝子是横无际涯的一片汪洋大海,水域面积约达1 000平方千米,到唐宋时期滇池水面缩小到500余平方千米,滇池水域范围至今东西寺塔南面。滇池由于河道淤塞,水流不畅,湖面进一步萎缩,并且水患频繁。元代时期,地方官员积极开展对滇池的治理工程,对流入滇池的盘龙江等六条河流做了疏浚,并拓宽了滇池的出水河道,又在昆明北部建谷昌坝(今松花坝水库)以拦洪蓄水(李波,2006)。此举既增强了泄洪作用也扩大了灌溉面积,但也导致了滇池水位急剧下降,湖面缩小为410平方千米,湖水退至今得胜桥、巡津街一带(摘自《昆明水利志》)。

早期来昆明任宣慰使官的元代官员李京,在《初到滇池》一诗中写道:

### 初到滇池

#### [元]李 京

嫩寒初褪雨初晴,人逐东风马足轻。

天际孤城烟外暗,云间双塔日边明。

未谙习俗人争笑,乍听侏离我亦惊。

珍重碧鸡山上月,相随万里更多情。

从"天际孤城烟外暗,云间双塔日边明"之句可见,置身滇池湖上,仰望东西寺塔,说明此时由于湖面退缩,双塔离滇池已有一段距离。不过此时的滇池仍然是碧波千顷,辽阔宽广,元代诗人郭孟昭的《咏昆明池》将滇池描绘得颇有气势,全诗如下:

## 咏昆明池

### [元] 郭孟昭

昆池千顷浩溟漾，浴日滔天气量洪。

倒映群峰来镜里，雄吞万派入胸中。

朝宗远会江淮迥，泽物常裨造化功。

圣代恩波同一视，却嗟汉武谩劳工。

注:本诗引自《景泰云南图经志书校注》,昆明:云南民族出版社,2002。

"昆池千顷浩溟漾,浴日滔天气量洪"一句贴切地写出了滇池烟水浩渺、波光如镜的美景,滇池汇众水入湖,果然是"雄吞万派",也表现了诗人宽广的胸襟。

到明朝时,昆明又遭了十余次大洪灾,"滇池水溢"使得昆明城中一片汪洋只能"撑船入市"。此时滇池面积进一步缩小,约为350平方千米,明初云南诗人郭文在《登太华兰若》一诗中写道:

## 登太华兰若

### [明] 郭 文

晚晴独倚旃檀阁,烟景苍苍一望开。

湖势欲浮双塔去,山形如拥五华来。

仙游应有飞空舄,僧去宁无渡水杯。

不为平生仙骨在,安能得上妙高台。

注:本诗引自《中华山水名胜旅游文学大观(下)》,三秦出版社,1998。

从"湖势欲浮双塔去"一句可见当时湖虽宽广,但已远离东西寺塔,才能给人这种感觉。诗中一"浮"一"拥"生动地描绘出滇池湖势开阔,城中双塔矗立和湖周群山环绕的胜景。明代文学家杨慎的《滇海竹枝词》,写滇池风光,极具特色:

# 滇海竹枝词

〔明〕杨　慎

罗汉孤峰只树林，梁王辇道海中心。

海垠青青堪牧马，海眼只今无处寻。

东浦彩虹悬水椿，西山白雨点寒江。

烟中艇子摇两桨，空里鹭鸶飞一双。

明代地理学家徐霞客在游记名篇《游太华山记》中描述了他曾经游历滇池的情形："十里田尽，崔苇满泽，舟行深绿间，不复知为滇池巨流，是为草海。"太华山又称碧鸡山，即今天滇池西岸的西山，徐霞客登山瞰海后，又泛舟湖上横渡草海（滇池北部湖湾），悠悠芦苇草，荡漾碧波间，似一片海上草原！

到清朝时，滇池已和现在的水域面积相差无几，而湖光山色依然为世人所称道。清末民初诗人袁嘉谷《仙泛舟滇池，泊西北小岛上，吟呈兰卿世丈》一诗，算得上是真正描绘滇池全景的诗作：

## 仙泛舟滇池，泊西北小岛上，吟呈兰卿世丈

〔清〕袁嘉谷

仙家鸡犬小桃源，野服人来沐继轩。

一叶轻舟青草渡，半竿斜日绿杨村。

扫开石发安琴枕，收取花香入酒樽。

郁恨乱蛙鸣不已，声声催出月黄昏。

注：本诗引自《袁嘉谷文集（第2卷）》，云南人民出版社，2001。

诗中把滇池描绘成世外桃源，"轻舟"、"青草"、"斜日"、"绿杨"、"琴枕"、"酒樽"、"蛙鸣"、"月"等一系列实景与美好意象的组合，有动有静，有虚有实，描写细腻，堪称佳作。

滇池不仅美，而且奇。滇池是滇中高原断层陷落而成的湖泊，有盘龙江、柴河、金汁河、马料河、昆阳河、海源河、宝象河、东大河、梁王河、呈贡大河、西白沙河等 20 多条河流注入，湖水在西南海口泄出称螳螂川，为金沙江支流普渡河上源。因云南高原面总的趋势是北高南低，自北向南倾斜，所以河流流向也大都如此，如滇池东面的盘龙江、南盘江，西面的绿汁江等基本都是自北往南流，而只有螳螂川、普渡河夹持其间，和主流流向相反，倒流向北。滇池这种与云南其他河流流向相反的状况，被人们称为"奇河倒流"。明末诗人范沦的《滇中词三首》中写道：

## 滇中词三首（其一）

[明] 范　沦

秀海海边莨荬秋，滇池池上云悠悠。

人心恰似此中水，一道南流一北流。

"一道南流一北流"正是对"奇河倒流"的真实反映。汉代著名文学家许慎在《说文解字》中解释"滇"字时说："滇者，颠也。"指的就是滇池水系流向"颠倒"的现象。据科学推断这可能是由于滇池附近地壳急剧上升，或由于第四纪冰期来临，降水增多，河湖水面抬升，河流溯源侵蚀，发生河流袭夺，沟通了长江水系，使滇池水扭头向北。两个水系的沟通也加剧了滇池水位的下降，从而形成螳螂川、普渡河的倒流现象（于希贤，1999）。

滇池的阔、秀、奇使它从古至今都备受世人关注。滇池不仅是云南的标志，更是昆明人赖以为生的母亲湖。然而，20 世纪以来滇池遭遇了前所未有的环境问题，有民谣说滇池："20 世纪 50 年代淘米洗菜，60 年代摸虾做菜，70 年代游泳痛快，80 年代水质变坏，90 年代风光不再。"这是滇池污染渐变过程的真实写照。多年来，滇池因为蓝藻频发、生态环境日益恶化等突出问题，被国务院列为重点治理的"三湖三河"之一，国家先后投入

500亿元下大力气治理滇池。经过二十多年的艰苦努力，滇池水质已有了明显改善，生物多样性增加，水生植物种类达到280种，鱼类达到23种，鸟类达到138种，濒临灭绝的国家珍稀鸟类彩鹮及白眉鸭在滇池出现。我们有理由相信，千顷碧浪的滇池在不久的将来会重现"高原明珠"的光辉。

# 淡妆浓抹总相宜
## 西湖

苏轼于1089—1091年再次出任杭州知州，上任伊始即疏浚西湖，并利用挖出的淤泥菥草堆筑起一条南北走向的堤岸，在他《轼在颍州与赵德麟同治西湖未成改扬州三月十》一诗中提道："我来钱塘拓湖绿，大堤士女争昌丰。六桥横绝天汉上，北山始与南屏通。"这条人工堤便是今天的苏堤，映波、锁澜、望山、压堤、东浦、跨虹这六桥之名也都出自苏轼的锦心绣口。苏轼曾两度主政杭州，其间作诗共计三百余首，其中咏诵西湖的诗就达一百六十首（冯静，2004）。西湖的美存在于一景一物，存在于文人的一念一想之间。在他们的启发和影响下，历代诗人都以西湖为美，相继吟诵西湖，创造了优美的意境，西湖之名也逐渐取代了钱塘湖，并扬名天下。

南宋是西湖发展最为重要的时期。1127年宋高宗赵构定都临安（今杭州），此时杭州亦由北宋时期的"东南第一州"转升为"全国第一州"，西湖的繁华也达到了顶峰（潘军，2008）。重臣官宦在西湖周围修建大小亭台楼阁数百处，西湖成为他们游山玩水、纵情声色的场所（吉艳丽和黄鹏，2009），《题临安邸》一诗便是对当时西湖风景布局的写照，也流露出当朝士大夫的愤懑：

### 题临安邸

［宋］林　升

山外青山楼外楼，西湖歌舞几时休？

暖风熏得游人醉，直把杭州作汴州。

盛极一时的临安城也留下了大量文人名士的踪迹，其中，南宋诗人杨万里因多次在临安为官，与西湖最为亲近，留诗颇多。所著《晓出净慈寺送林子方》一诗因诗风清新灵动广为后世称颂：

### 晓出净慈寺送林子方

［宋］杨万里

毕竟西湖六月中，风光不与四时同。

接天莲叶无穷碧，映日荷花别样红。

虽然经世事变迁,元代的西湖依然楚楚动人,吸引着文人墨客的赋诗称颂。元代僧人园至作《晓过西湖》诗赞美西湖湖光潋滟、山色空蒙:

## 晓过西湖

[元] 释圆至

水光山色四无人,清晓谁看第一春?
红日渐高弦管动,半湖烟雾是游尘。

元末明初著名诗人、文学家杨维祯还开创了《西湖竹枝集》,诗集中写道:"南官北使须到此,江南西湖天下无。"明时,西湖成为富豪商贾争相侵占的对象,时有"十里湖光十里笆,编笆都是富豪家"之说,曾如诗如画的西湖被弄得支离破碎。此时的诗词内容多以凭吊旧景为主,诗风典雅温和、沉郁悲凉,如张昱的《西湖漫兴》一诗:

## 西湖漫兴

[明] 张　昱

玉局当年为写真,西施宜笑复宜颦。
朝云暮雨空前梦,桃叶柳枝如故人。
露电光阴千劫外,鱼龙波浪一番新。
伤心最是林逋宅,半亩残梅共晚春。

直到明代弘治年间,杭州太守杨孟瑛上奏的《开湖条议》得到明武宗的准奏,令占湖为田、筑屋建园的富豪迁屋平田,并入湖清淤,才使得西湖终于恢复到往日的景象。疏浚的部分淤泥用于加固苏堤,其余大部分则被堆在湖西山麓边,筑成一条长堤,称杨公堤。

清代西湖再次得到开发,并日趋繁荣,清代也成为西湖诗歌的复兴期(杜隽,2007)。仅从数量上,有关西湖的清诗就远远超过了唐宋,大量西湖诗集、地方志纂均记载了丰富的西湖诗作品,如《西湖十景吟》、《西湖杂诗》、《西湖百咏》等(姜倩,2013)。一批偏爱吟咏西湖的诗人,如钱谦益、

"西泠十子"、袁枚等的诗作在西湖上流传不息。特别是杭州本地诗人厉鹗，他直接写西湖的诗词共上百首，据记载"西湖一带的千万景致，厉鹗都穷搜极索，鲜有遗漏"（吴晓华，2005）。他笔下的西湖往往透着清寒悠寂之气，对此后西湖诗风的影响甚远，如这首《晓至湖上》：

## 晓至湖上

[清] 厉 鹗

出郭晓色微，临水人意静。

水上寒雾生，弥漫与天永。

折苇动有声，遥山淡无影。

稍见初日开，三两列舴艋。

安得学野凫，泛泛逐清影。

历史上的杭州城发展始终围绕着西湖进行，城湖相依。清末咸丰年间杭州虽遭到太平天国战争的蹂躏，但又较快恢复旧观，这也使得西湖多了一份柔和，少了一份伤感。西湖的繁华、绚丽、柔和与缥缈，带动了大量诗词歌赋的出现，也正是因为有了这些诗词名篇的推崇，西湖才能在历朝历代得到重视，才能不断地吸引着人们慕名而至，千百年来西湖已成为杭州景观的代表。

清诗人袁枚在《谒岳王墓》一诗中说"赖有岳于双少保，人间才觉重西湖"，倘若只关注西湖的美景，却是看轻了西湖的价值。西湖数以千计的诗词歌赋，将西湖的自然美提升到极致；西湖厚重的人文历史，使之成为千年来中国最著名的湖泊，也成就了"上有天堂，下有苏杭"的杭州。

# 烟花三月下扬州
## 瘦西湖

身在江南的人，提起瘦西湖必是赞不绝口：一是因为此湖位于我国历史上赫赫有名的繁华之地扬州城，二是因为其景色与杭州西湖不分伯仲。扬州为我国历史名城，公元前 486 年就建有城市，汉代起扬州就成为江淮之间的政治、经济中心，隋唐时扬州已富甲一方，盐、铁、手工业相当发达，成为我国对外贸易的商港之一（严浩伟，2008）。唐代诗人权德舆的一首五言长诗《广陵诗》详细描绘了扬州的地形和繁华："广陵实佳丽，隋季此为京。八方称辐凑，五达如砥平。大旆映空色，笳箫发连营。层台出重霄，金碧摩颢清。交驰流水毂，迥接浮云甍。青楼旭日映，绿野春风晴。"扬州的景色以春季最佳，"烟花三月下扬州"便是出自唐代大诗人李白那首脍炙人口的千古绝唱《黄鹤楼送孟浩然之广陵》：

## 黄鹤楼送孟浩然之广陵

### ［唐］李 白

故人西辞黄鹤楼，烟花三月下扬州。

孤帆远影碧空尽，惟见长江天际流。

农历三月正是扬州最美的季节，诗人送别友人东行前往春光明媚、繁花似锦的扬州城，全诗充满了留念与祝福之意，为扬州这座古城名邑增添了无限风韵。

瘦西湖位于扬州城西郊，是一个人工湖泊，南北长约 3 000 米，宽不及100 米（谢继征等，2012）。瘦西湖的特点是湖面瘦长、蜿蜒曲折，"十余家之园亭合而为一，联络至山，气势俱贯"。瘦西湖本身并不是湖，原名保扬河、保障河,是蜀岗山微波峡水流汇合安徽大别山东来涧水曲折流入京杭大运河的一段自然河道(徐炳顺和杨玉衡,2008),主要起排洪和水上交通的作用,也曾是唐罗城、宋大城的护城河遗迹。明末清初学者顾祖禹撰写的地理名著《读史方舆纪要》中记载:"保扬河在府西四里,城北三里。旧有柴河,东达官河,西接市河入城……时又于近河东岸缘为城,上设敌台,以备敌寇侵逼,因名曰保扬。"瘦西湖所在河道的景观开发由来已久,据《宋书》记载,隋炀帝时开凿京杭大运河,使扬州成为水路交通的枢纽,并大兴土木,建造规模恢宏的风景区上林苑和长阜苑,筑有十宫、迷楼等宫苑(吴肇钊,1985)。

到唐代时,此河段已是"楼阁重复、花木鲜秀","十里栽花当种田"的一番秀色。这时不得不提的扬州城人造胜景就是声名远扬的二十四桥,名师大家们都把它当作昔日扬州禁苑繁华、风流盛事的象征。如晚唐著名诗人杜牧,在《寄扬州韩绰判官》诗中写道:

## 寄扬州韩绰判官

### 〔唐〕杜　牧

青山隐隐水迢迢,秋尽江南草未凋。

二十四桥明月夜,玉人何处教吹箫?

这首诗的问世使二十四桥一举成名。除杜牧的诗提及二十四桥外,还有晚唐诗人、五代时前蜀宰相韦庄的《过扬州》:

## 过扬州

### 〔唐〕韦　庄

当年人未识兵戈,处处青楼夜夜歌。

花发洞中春日永,月明衣上好风多。

淮王去后无鸡犬,炀帝归来葬绮罗。

二十四桥空寂寂,绿杨摧折旧官河。

五代时，由于战乱扬州城沦为一片废墟，所以二十四桥究竟是真实存在还是仅是扬州群桥的代称已无法考证。总之，二十四桥已成为扬州历史上最富有艺术特色的桥梁建筑被载入史册。如今，扬州市政府已在瘦西湖西侧重新修建了二十四桥的景点，为古城扬州增添了新的风韵。

宋代，由于国势衰微，河湖上园林景观的修建力度大不如前。自金军南下，瘦西湖受到了很大的破坏。在宋金时代和元代，运河阻塞，漕运改为海道，经济衰退，园林建设几度停滞（吴肇钊，1985）。宋代文学家姜夔的名篇《扬州慢·淮左名都》中描绘了他经过扬州时所见："淮左名都，竹西佳处，解鞍少驻初程。过春风十里，尽荠麦青青。自胡马窥江去后，废池乔木，犹厌言兵。渐黄昏，清角吹寒，都在空城。"可见当时扬州城凋残破败的惨状，战乱给扬州城带来了万劫不复的灾难。

到了明代，由于运河的整修，扬州重新成为南北交通的要道及两淮地区盐业的集散地，瘦西湖由于年长日久，湖心淤塞，盐商便出资疏浚，并在东西两岸又建造了部分园林（吴肇钊，1985），湖上名桥——红桥（即今大虹桥）就建于此时。明末富商贵族们纷纷在沿河两岸，不惜重金聘请造园名家擘画经营，充分利用瘦西湖长河如绳的水系，相形度势，打造了其"领略不尽，玩味无穷"的园林意境。乾隆年间高宗南巡，随着扬州的盐业兴盛，园主以一邀"御赏"为荣，"三十里楼台"应运而生，园林建造争奇斗艳，标新立异，景点数以百计。《扬州画舫录》中记载"家家住青翠城堙"、"处处是烟波楼台"的壮观景象，瘦西湖在清代康乾时期已形成基本格局，时有"园林之盛，甲于天下"之誉。

于是，"瘦西湖"之名于清代正式被记入文献。清初吴绮《扬州鼓吹词序》中提道："城北一水通平山堂，名瘦西湖，本名保障湖。"乾隆元年（1736年），钱塘诗人汪沆慕名来到扬州，在听闻修禊的盛景及畅游了瘦西湖后，留下了一首感慨富商挥金如土的诗作《咏保障河》：

# 咏保障河

〔清〕汪　沆

垂杨不断接残芜,雁齿红桥俨画图。

也是销金一锅子,故应唤作瘦西湖。

注:本诗引自《扬州画舫录》,北京:中华书局,2001。

　　至此,自古作为扬州护城河系的保障湖被改称瘦西湖,并名满天下。从隋唐开始直至清乾隆年间,瘦西湖景区陆续建园,并形成了连贯、细长、富于曲折变化的线性水体。瘦西湖首尾多条水路与大运河相连,是大运河上独特的文化景观,"两堤花柳全依水,一路楼台直到山"便是对瘦西湖最盛时期景色的真实写照,瘦西湖的兴盛也反映了大运河对沿线城市经济文化的促进作用。

　　如今,瘦西湖已成了扬州的一张名片,"烟花三月"来到扬州的人,无不爱上这满园春色,爱上瘦西湖的迤逦。也难怪清代著名画家、扬州八怪之一的黄慎,即兴吟诵了四首《维扬竹枝词》,其中最有名的那句"人生只爱扬州住,夹岸垂杨春气熏。自摘园花闲打扮,池边绿映水红裙"。扬州好,因它精致的风光如工笔彩绘;扬州好,因这一湖柔软的水,滋养这城市的灵魂。

## 换得西湖十顷秋
## 颍州西湖

(供图:张匆)

颍州西湖位于安徽省阜阳市城西,现今面积 5.7 平方千米,是我国唐宋时期著名的湖景区。历史上,颍州西湖与杭州、扬州、惠州西湖并称为中国"四大名西湖",在北宋极盛时期与杭州西湖齐名,并称"杭颍"。

阜阳在秦汉时称汝阴,在北魏以后称颍州,颍州西湖故名。春秋战国时始建女郎台、梳妆台等建筑,唐武宗李炎做颍王时在西湖东南又修建了兰园(上官紫雪,1994),这里曾林苑烂漫,碧波潋滟,楼台亭榭,景色宜人。据记载约公元 849 年,唐代著名诗人许浑任润州(今江苏镇江)司马期间,进京谋职路经颍州西湖,由感而发作诗《颍州从事西湖亭宴饯》:

### 颍州从事西湖亭宴饯

[唐]许 浑

西湖清宴不知回,一曲离歌酒一杯。

城带夕阳闻鼓角,寺临秋水见楼台。

兰堂客散蝉犹噪,桂楫人稀鸟自来。

独想征车过巩洛,此中霜菊绕潭开。

这是最早完整记载颍州西湖风光的一首诗。从诗中所描写的情景看,当时的颍州西湖紧临州城,亭台轩榭、画舫游船、餐饮招待一应俱全,已经形成了一个典型的玩赏胜地,而不再是仅有自然风光的湖泊了。

颍州西湖在宋代日渐繁荣,尤其在北宋达到了鼎盛时期。沿湖堤岸遍植垂柳、花卉,并建有会老堂、六一堂、西湖三桥等著名的历史人文景观。许多著名学者、政治家、诗人在颍州为官或游玩,如晏殊、欧阳修、吕公著、苏轼、陈师道等,他们留下了大量珍贵的诗词歌赋,使得颍州西湖成为天下闻名的风景名胜。

宋代最早描绘颍州西湖的诗作要数宋代著名文学家穆修所著的《登女郎台》(二首),这也是最早描绘西湖著名景点女郎台的诗词:

### 登女郎台

[宋] 穆 修

其一

台前流水眼波明,台上闲云鬖叶轻。

莫把姑苏远相比,不曾亡国只倾城。

其二

女郎名字本风流,好与州人作胜游。

倘使此台呼丑女,汝阴城里一荒丘。

这两首诗向我们展示了北宋初年颍州西湖和女郎台的风光,以及游客络绎不绝的景象。

晏殊是北宋时期著名文学家、政治家,曾以工部尚书调任颍州,在颍州西湖建有清涟阁、清颍亭等,并留下了许多描写西湖的诗词,其《破阵子》词曰:"湖上西风斜日,荷花落尽红英。金菊满丛珠颗细,海燕辞巢翅羽轻。年年岁岁情。美酒一杯新熟,高歌数阕堪听。不向尊前同一醉,可奈光阴似水声。迢迢去未停。"词中夏末湖上荷花凋落,湖堤菊花绽放的秋景美不胜收,时隔千年颍州西湖的美景依然跃然纸上。

不过对颍州西湖最不吝笔墨,宠爱万千的当属宋代诗人欧阳修。据史料记载,他由扬州移知颍州,尤喜此湖,以"西湖戏作示同游者"为题作诗赞曰:

## 西湖戏作示同游者

［宋］欧阳修

菡萏香清画舸浮,使君宁复忆扬州。

都将二十四桥月,换得西湖十顷秋。

在诗人眼中,颍州西湖的秋景美不胜收,纵然是扬州瘦西湖二十四桥明月夜的景致也不及眼前这西湖的一池秋色。欧阳修一生八次来到颍州西湖,并以颍州西湖为题写下了近百篇诗词,可见其对颍州西湖的偏爱。其中写颍州西湖的十三首《采桑子》最为精美,其中十首的第一句都以"西湖好"开篇:

## 采桑子(其一)

［宋］欧阳修

轻舟短棹西湖好,绿水逶迤,芳草长堤,隐隐笙歌处处随。

无风水面琉璃滑,不觉船移,微动涟漪,惊起沙禽掠岸飞。

据《本事集云》记载:"汝阴西湖盛名绝天下,盖自欧阳永叔始",可以看出颍州西湖的盛极一时与欧阳修的吟诗怒赞是不无关系的。欧阳修一生在颍州西湖留下了许多佳话和逸闻,并且最后定居和终老在颍州西湖之畔。

另一位对颍州西湖情有独钟的大诗人是苏轼。苏轼一生仕途沉浮,其间移知颍州太守,尽管他在颍州仅待了半年,由于他交友广泛,其中文人雅士甚多,所以他在颍州的古今体诗就达到了67首(收录于《苏轼诗集合注》)。《苏轼诗集》注云:"盖陈、赵、两欧阳相与周旋,而刘景文季孙自高邮来,履常之兄传道又至,故赋咏独多。"苏轼上任伊始便在颍州西湖举办了一次音乐活动,他的朋友、时任颍州签判的赵令时,颍州陈师道学士等都出席了活动。诗人由于谪迁,对当朝不满,

纵使友人齐聚、美酒佳景也难掩心中愤懑,作诗《九月十五日观月听琴西湖一首示坐客》曰:

## 九月十五日观月听琴西湖一首示坐客
### [宋]苏 轼

> 白露下众草,碧空卷微云。
>
> 孤光为谁来,似为我与君。
>
> 水天浮四坐,河汉落酒樽。
>
> 使我冰雪肠,不受曲蘖醺。
>
> 尚恨琴有弦,出鱼乱湖纹。
>
> 哀弹本旧曲,妙耳非昔闻。
>
> 良时失俯仰,此见宁朝昏。
>
> 悬知一生中,道眼无由浑。

苏轼为官仁厚,在颍州期间,为发展农业灌溉,兴修水利,对西湖进行了疏浚,清淤的泥土堆在湖岸护堤,并在护堤遍植垂柳,栽植玉兰、樱花、芙蓉、木樨等多种观赏花木,时人称苏堤。南宋时,这里曾一度成为湖中集市。

其实,苏东坡是评论西湖风光最有发言权的人。他曾两次在杭州为官,并在颍州、扬州、惠州都走马上任过,对这些地方的西湖了如指掌。所以他的好友秦觐说他:"十里荷花菡萏初,我公所至有西湖。欲将公事湖中了,见说官闲事亦无。"苏轼也的确曾在诗中将颍州西湖与杭州西湖相媲美,"西湖虽小亦西子,萦流作态清而丰","大千起灭一尘里,未觉杭颍谁雌雄"。说明当时颍州西湖的地位和知名度之高。

颍州西湖的闻名引得四方文人墨客纷至沓来,一睹芳容。金主完颜亮作诗《过汝阴作》,写出了古代颍州西湖的流风遗韵:

# 过汝阴作

[金] 完颜亮

门掩黄昏染绿苔，那回踪迹半尘埃。

空庭日暮鸟争躁，幽径草深人未来。

数刃假山当户牖，一池春水绕楼台。

繁花不识兴亡地，犹倚阑干次第开。

明、清时期颍州西湖有所增建，号称"花竹深秀，水天相接"，仍为一时胜地。雍正年间新建湖心亭、重建画舫斋（韦荣华，2009）。《大清一统志》记载："颍州西湖闻名天下，亭台之胜，觞咏之繁，可与杭州西湖媲美。"然而在清末和民国时期，由于黄河的南流泛滥和水利失修，颍州西湖大部分已被泥沙淤为平地（胡大勇和王晓俊，2006）。昔日的"亭台之胜，觞咏之繁"如今只能在不大的一池碧沼中体味了。

近年来，安徽省市政规划明确提出，要稳步恢复和创建景区工程，进一步提升了颍州西湖的知名度。我们相信，拥有深厚的历史底蕴，浓郁的人文气息以及独特的自然风景、园林建筑的颍州西湖，将会再度在我国的湖泊中占有一席之地。

# 玉塔卧微澜
## 惠州西湖

惠州西湖地处广东省东南部惠州市惠城中心区,面积 3.13 平方千米。江南水乡杭州以西湖、苏堤闻名天下,远在岭南的惠州西湖,也有苏堤,历史上曾与杭州西湖、颖州西湖齐名。

惠州西湖原名丰湖,由丰湖、菱湖、鳄湖、平湖、南湖和许多不知名的小湖组成,造成水域景观被分割开来,视觉上要比杭州西湖小不少。元祐八年(1093 年),苏轼贬谪惠州太守,与当地友人"酒兴正酣"时,作诗一首:

## 惠州近城数小山类蜀道春与进士许毅野步会意

### [宋] 苏　轼

夕阳飞絮乱平芜,万里春前一酒壶。

铁化双鱼沉远素,剑分二岭隔中区。

花曾识面香仍好,鸟不知名声自呼。

梦想平生消未尽,满林烟月到西湖。

由于该湖在惠州府城之西,诗人首次将丰湖称作西湖,西湖之名便由此叫开了。苏轼游历天下西湖,被后人称为"北客几人谪南粤,东坡到处有西湖"。然而对惠州西湖,苏轼有着偏爱,在其《赠昙秀》一诗中写道:

## 赠昙秀

[宋] 苏　轼

白云出山初无心，栖乌何必恋山林。

道人偶爱山水故，纵步不知湖岭深。

空岩已礼百千相，曹溪更欲瞻遗像。

要知水味孰冷暖，始信梦时非幻妄。

袖中忽出贝叶书，中有璧月缀星珠。

人间胜绝略已遍，匡庐南岭并西湖。

西湖北望三千里，大堤冉冉横秋水。

诵诗佳句说南屏，瘴云应逐秋风靡。

胡为只作十日欢，杖策复寻归路难。

留师笋蕨不足道，怅望荔子何日丹。

人间胜绝略已遍，看到惠州的西湖仍让诗人惊艳，并与此湖相伴两年有余。惠州西湖山水秀邃、旷邈幽深，秀色自然天成，吸引了古往今来的众多文人墨客。唐庚是继苏轼之后，另一位谪居惠州的著名诗人，写下《栖禅暮归书所见》组诗，两首诗都以写实的手法刻画了惠州西湖美景：

## 栖禅暮归书所见

[宋] 唐　庚

其一

雨在时时黑，春归处处青。

山深失小寺，湖尽得孤亭。

其二

春着湖烟腻，晴摇野水光。

草青仍过雨，山紫更斜阳。

诗中一句一景，将天气的变化与湖景山景的变幻描绘得细致入微。

两首诗表面上看似各自独立,互不关联,实际上所写景物不仅为春日所共有,而且体现了岭南地区春天晴雨变幻以及"暮归"的特点。

早在宋代,惠州西湖已是中国最具岭南特色的自然山水园林,最早在诗中咏诵惠州西湖风景的是北宋名臣余靖,他在《惠州开元寺记》中对惠州西湖风景做了详细的描述:"重冈复阜,隐映岩谷,长溪带盘,湖光相照",可见惠州西湖的隽秀与罗浮群山的衬托相辅相成。惠州西湖的北面是罗浮群山,该山起于河源,横贯博罗,西达增城,重峦叠嶂,其中不少山峰达百米以上。湖的东、西、南面全部是丘陵和山地,海拔在10~36米,如飞鹅岭、高榜山、红花嶂、歪髻岭等。惠州西湖地处东江中游冲积平原,即惠阳平原,地势低洼,海拔仅1~13米,据考证湖盆曾是西支江古河床,在江水不断冲刷下,河堤不断被侵蚀,再加上河水泛滥频繁,经过漫长的演变,西江河道改道东移,江堤外洼地积水而形成了惠州西湖(叶明镜,1982)。著名诗人杨万里游览惠州时也对这里的湖光山色赞不绝口:

### 惠州丰湖亦名西湖二首

[宋]杨万里

其一

左瞰丰湖右瞰江,五峰出没水中央。

峰头寺寺楼楼月,清杀东坡锦绣肠。

其二

三处西湖一色秋,钱塘颍水更罗浮。

东坡元是西湖长,不到罗浮便得休。

诗中认为杭州西湖、颍州西湖和惠州西湖的秋色不分伯仲,且罗浮山下的惠州西湖尤以秋景为佳,故曰"罗浮山色浓泼黛,丰湖水光先得秋",描绘了山色掩映下惠州西湖与众不同的秋景。

众所周知,"玉塔鸟瞰"是惠州西湖的绝景。玉塔即泗洲塔,塔外为7层,塔内13层,砖木结构,为楼阁式佛塔。明嘉靖年间塔毁,万历初年改建亭,后又复建为塔,是湖上最古老的建筑物,重建至今已有400年历史。据传早在唐代龙朔年间,西域名僧大圣僧伽来中国,后在长安圆寂,唐中宗为纪念他在泗洲建塔,故称为泗洲塔。苏轼谪居惠州时,曾称大圣塔,又称玉塔,在五言诗《江月五首(并引)》中描写了午夜湖上月夜的变化:

## 江月五首(并引)

[宋]苏 轼

其一

一更山吐月,玉塔卧微澜。

正似西湖上,涌金门外看。

冰轮横海阔,香雾入楼寒。

停鞭且莫上,照我一杯残。

"一更山吐月,玉塔卧微澜"的传世佳句描绘了凌晨时分,月亮从塔的正面冉冉升起,此时诗人站在塔后方,观看到了"山吐月"、"玉塔微澜"等别致美景。此处的"玉塔"是诗人对泗洲塔的赞美之词,由于惠州西湖清澈见底,水体碧绿通透,塔影倒立在水中,看起来就似一块玉置于水中,在水波隐约的折射下,泗洲塔宛如玉石在闪闪发光,故称之为玉塔。

明清时期惠州人文兴盛,其间涌现了大量描述吟咏惠州西湖的作品,早在明万历年间,陈运就出版了首部《惠州西湖志》。清代诗人陈恭尹在《西湖歌》中对惠州西湖群山环碧、林木青葱、水色山光、交相辉映的天然景色进行了称颂:

## 西湖歌

[清]陈恭尹

惠州城西数百峰,峰峰水上生芙蓉。

西湖之水曲若环,扁舟一支何时还。

清代诗人、"岭南第一才子"宋湘家住丰湖书院,于秀丽的湖光山色间写下《湖居十首》《西湖棹歌十首》等田园山水诗,结集成《丰湖漫草》《丰湖续草》。晚清学者梁鼎芬写下《惠州西湖百咏》,成为百咏惠州西湖第一人。近代,惠州名人张友仁先生修整完善了《惠州西湖志》,全书13卷约39万字,是迄今为止描述惠州西湖最为详细、完备的专著。到20世纪80年代,惠州西湖仍然是惠州文坛的重要主题,出版了《惠州西湖艺文丛谈》《惠州西湖诗集》《玉塔诗情》《惠州西湖》《东坡与惠州西湖》等大量著作。这些诗、词、赋、序不仅具有极高的文学价值,还为我们了解惠州西湖的历史提供了丰富的资料。

惠州西湖与杭州西湖虽有很多相近之处,但与生俱来的南国风情是她无须装扮的本色。如今湖畔种满了躯干壮硕、顶天立地的"英雄树"——木棉。每年春天,一簇簇红艳木棉花,热情绽放,妖艳似火。漫步湖畔,仿佛遍地英雄啸歌于血火之中,让人不由心中诗情燃烧。不论古今,惠州西湖总会以她独具一格的风情占据人们心中"西湖"的位置。

# 菱歌罢唱鹢舟回
## 南昌东湖

江西除了古今闻名的鄱阳湖,在历史上还曾经存在着一个非常知名的湖泊——南昌东湖。南昌东湖位于南昌市区中心,似一块天然巧成的翡翠,嵌在珠光宝气的闹市之中,满湖碧水,映衬着奇花异草,现湖面面积约13公顷,被誉为"江南一大佳风水池"。

南昌为我国历史文化名城,有着2 200多年的建城史,旧称洪州、豫章、洪都。南昌城傍江临湖,地处水乡泽国,自古水患尤为严重,到处可见河汉、积水湖,城中最有名的就是东湖,湖四周地势稍高,中间为山阜和丘陵(彭适凡,1980)。早在南北朝时期,方志家雷次宗就在《豫章记》文中记叙:"东湖,郡城东,周回十里,与江通。"可见,当时的东湖十分宽广,方圆十里,相当于现在的数十平方千米。唐代翰林学士、右拾遗李绅也在其诗《忆东湖》中题注"南昌志,洪州城内有太湖,通章江,名曰东湖",太湖即今天东湖的前身,"太"字表明了水域之辽阔,章江即今赣江,东湖与赣江相通。

自唐朝以来,南昌东湖即著名风景湖,唐人留下了不少关于其湖光山色的诗文(王福昌,2011)。唐朝开元年间名相、诗人张九龄出任洪州都督,赋诗《临泛东湖(时任洪州)》一首,全诗长达130字,充分表达了他对履新之地湖上美景的喜爱,留下了"乘流坐清旷,举目眺悠缅"的佳句。后来,诗人在东湖送别友人,再次泛舟湖上,穿梭在菱塘荷香之间,又有诗《东湖临泛饯王司马》颂曰:

## 东湖临泛饯王司马

### 〔唐〕张九龄

南土秋虽半,东湖草未黄。

聊乘风日好,来泛芰荷香。

兰棹无劳速,菱歌不厌长。

忽怀京洛去,难与共清光。

唐代李绅《忆东湖》一诗也描绘了当时东湖湖光如画,碧波荡漾,湖上鸟飞鱼跃,水产丰美的特点:

## 忆东湖

### 〔唐〕李 绅

菱歌罢唱鹢舟回,雪鹭银鸥左右来。

霞散浦边云锦截,月升湖面镜波开。

鱼惊翠羽金鳞跃,莲脱红衣紫菂摧。

淮口值春偏怅望,数株临水是寒梅。

东湖湿生植物颇丰,湖中长满荷花、菱角,这些水生植物可供食用,唐人多往采之,其中最为重要的是菱,"菱歌"是指当地百姓采菱时哼唱的民间小调。唐代农学家、文学家陆龟蒙所著《南塘曲》也描述了湖区居民竞舟采菱的情形:

## 南塘曲

### 〔唐〕陆龟蒙

妾住东湖下,郎居南浦边。

闲临烟水望,认得采菱船。

由以上诗词可见,"菱歌罢唱鹢舟回"的东湖在唐代就已经成为种植菱角的生态经济区了。

东湖的景观开发由来已久,且与湖区的水利工程修筑息息相关。湖区水患严重,过去虽然曾整治过,但到唐时依然很严重。唐代观察使韦丹组织民力在水关桥置内外闸,并沿江加筑十二里长堤,以捍江涨,时称韦公堤。后又在沿湖堤上遍植柳树,又名万柳堤。

宋代时,为了防止城内"东湖水溢"又在东湖的东北角修筑了一条长两里的沟渠,引湖水"东折出城",曰豫章沟,为宋代城内排内涝的主要干道。那时东湖中有三座小岛,俗名三洲,因洲上遍长奇花异草得名百花洲。洲上百花争艳,东湖水光潋滟、荷花满湖,堤上万柳成行,美不胜收。东湖百花洲自宋代开始声名远扬,引得无数文人墨客慕名而往。宋代著名文人欧阳修曾游历百花洲,留下了称颂洲上美景的二首五言绝句诗:

### 和圣俞百花洲二首

[宋] 欧阳修

其一

野岸溪几曲,松蹊穿翠阴。

不知芳渚远,但爱绿荷深。

其二

荷深水风阔,雨过清香发。

暮角起城头,归桡带明月。

诗人沿着弯弯曲曲的溪岸泛舟湖上,岸边松林间的小路隐没在葱翠的绿荫之中,不去想那繁花似锦的百花洲还有多远,只愿置身于繁茂的荷叶之中,去领略那一片浓绿。全诗流露出一派清幽深邃的意境,其情其景引人无限遐想。

北宋著名文学家、书法家黄庭坚回忆起曾经在东湖的旅居生活,发出了"忽忆僧床同野饭,梦随秋雁到东湖"的感慨。宋代隐士苏云卿也曾在百花东洲灌园植蔬,后称苏翁圃,"苏圃春蔬"为著名的豫章十景之一。江南布衣诗人曾原一以一首《作歌咏苏云卿》纪念了此景的由来:

## 作歌咏苏云卿

### [宋]曾原一

东湖湖面波渺瀰,东湖岸上春土肥。

先生锄云明月晓,种来蔬甲今成畦。

把茅萧萧环四壁,此身不愿人间识。

乾刊清夷那复知,寸心杳渺黄尘隔。

故人子房今九云,交情不断江湖滨。

江西使漕却骖骑,故作敲门问字人。

黄金百镒笺一幅,多谢春风到茅屋。

曾原一,字子实,是东湖"江湖吟社"的重要成员之一,这个在东湖畔组建的诗社由当时在南昌躲避"汀寇"之乱的布衣诗人们自发组成,如今的东湖书院就是他们活动的重要场所(吕肖奂,2018)。社员邹登龙与曾原一在"东湖"作别,为抒发离别之后的思念,有诗:

## 寄苍山曾子实

### [宋]邹登龙

东湖从此别,嘉会邈无期。

望远音书阻,思君岁月乳。

春云山隔断,秋雨雁归迟。

欲见崆峒使,梅花寄一枝。

"江湖吟社"的成员戴复古多次寓居东湖与其他社员"交游",在东湖畔留诗数首:

## 隆兴度夏借东湖驿安下

[宋] 戴复古

面对一池荷，四旁杨柳坡。

树阴遮日少，屋敞受风多。

疑是清凉国，暂为安乐窝。

人人争避暑，老子自婆娑。

## 东湖看花呈宋原父

[宋] 戴复古

团团堤路行无极，一株一步杨柳碧。

佳人反覆看荷花，自恨鬓边簪不得。

## 豫章东湖感旧

[宋] 戴复古

忆见堤边种柳初，重来高树满东湖。

交游太半入鬼录，歌醉一时逢酒徒。

夜雨总成流水去，春风能免落花无。

经行孺子亭边路，犹有沙鸥识老夫。

明代的东湖，因洪恩桥、广济桥(状元桥)和灵应桥的架筑，开始分隔为东湖、西湖和北湖，并称三湖。由于南昌是宁王的藩封盛地，应王侯贵族悠意游玩的需求，水患频繁的东湖由于淤塞，急需进一步整治。万历十五年(公元 1587 年)，知府范沫就征调南昌、新建两县农民挑浚挖深，对久废的水关桥外闸砌置翻新，同时疏通城区排泄湖水和积水的渠道(达婷，2017)。自此，湖光树影，青翠葱蔚，气象万千，文人雅士常在此消散游吟。乾隆年间，清代文学家蒋士铨有诗道：

# 九月十三日学使桧门先生邀同钱坤一先生百花洲雨中小饮即席限韵

〔清〕蒋士铨

玲珑秋树逗湖光，水阁云阴作嫩凉。

别馆停骖招旧雨，残荷擎尽著新霜。

座容迦叶参微笑，宾献壶公解善藏。

欲为朱衣摹变相，墨衰浓沁桂花香。

注：本诗引自《忠雅堂诗集》卷一。

清代之后，由于东湖区域成为贡院所在地，原古建筑残破失修，遗迹渐消，湖内淤塞严重，湖面锐减，东湖百花洲日渐衰落。1932 年这里辟为湖滨公园，1946 年 4 月被改名为介石公园，1950 年 7 月更名为八一公园。1949 年以来，人民政府种树修堤，疏浚湖泥，建造亭台及曲桥，如今东湖成为人民群众休憩之所。

曾经的南昌东湖以清姿秀色引得历代无数名人高士，在此流连小憩，寻觅诗情，每每柳外寻春、花边得句，流传下了许多动人的辞章。如今南昌东湖在名气上也许无法与那些知名的湖泊相当，但它在历史上曾经闪耀出的光芒是无法磨灭的，在南昌人民心中的地位是无法取代的，那些为它吟诵的佳句将世世代代传唱。

# 东湖谁信更清幽
## 东钱湖

东钱湖又称钱湖,东湖,万金湖,是浙江省内最大的天然淡水湖泊,位于宁波市鄞州区境内,水域面积约 20 平方千米,相当于 4 个西湖大小。湖东南群山环抱,西北面接平原,犹如一颗璀璨的明珠千百年来闪耀着诱人的光芒,郭沫若先生曾赞誉她为"西湖风韵、太湖气魄"。这足以见得东钱湖既有太湖之浩渺烟波,又有西湖之空蒙旖旎。

对东钱湖美景的称颂自古有之,南宋名相史浩,明州鄞县(今浙江宁波)人,致仕荣归故里,游赏东钱湖,作诗咏赞家乡青山秀水:

## 东钱湖

### [宋]史 浩

行李萧萧一担秋,浪头始得见渔舟。

晓烟笼树鸦还集,碧水连天鸥自浮。

十字港通霞屿寺,二灵山对月波楼。

于今幸遂归湖愿,长忆当年贺监游。

浩瀚的湖面,白帆点点,穿梭往来的渔船上似乎能听见乡音乡曲。字里行间流露出诗人对家乡山水的思念和对东钱湖湖上风光的赞美之情。同为鄞州人的元朝学者、诗人袁士元也不吝笔墨,将东钱湖不同时节的景色描绘得充满诗情画意。在东钱湖畔十余年的求学生涯,使袁士元成为学富五车、业通六经的儒学大师,也成为一名才华出众的山水诗人,东钱湖的山山水水,都留下了他深情的吟咏:

## 和嵊县梁公辅夏夜泛东湖

[元]袁士元

短棹乘风湖上游,湖光一鉴湛于秋。

小桥夜静人横笛,古渡月明僧唤舟。

鸳浦藕花初过雨,渔家灯影半临流。

酒阑兴尽归来后,依旧青山绕客楼。

夏夜,诗人与友人聚会后泛舟东钱湖上,一轮皓月横过天际,将月光洒在碧波万顷的湖面上,朦胧的月色中传来阵阵悠扬的笛声,雨后的湖上水烟弥漫,令人陶醉在这迷人的湖山夜色中。

## 过高钱探子章及禅寂咏心源不值

[元]袁士元

载酒东湖岁已阑,拟同朋旧醉开颜。

长须吟客近入郭,多病老禅才出山。

霞屿寺连寒水远,月波楼锁暮云闲。

停舟自对梅花饮,雪压孤篷夜未还。

冬日,湖面冰清玉洁,湖畔寒梅怒放,东钱湖又是另一番美景。在银白色的世界中,把酒言欢,友人依旧,即便晚归会雪压孤篷,冰封陌路,也不能阻挡诗人停舟赏梅的雅兴,流露出诗人对东钱湖深深的眷恋之情。

在诗人颂咏东钱湖风光的诗词中,最负盛名的当属这首《寒食过东钱湖》:

## 寒食过东钱湖

[元]袁士元

尽说西湖足胜游,东湖谁信更清幽。

一百五日客舟过,七十二溪春水流。

白鸟影边霞屿寺,翠微深处月波楼。

天然景物谁能状,千古诗人咏不休。

注:本诗引自《宁波古韵:宁波地名诗(上)》,甘肃人民美术出版社,宁波出版社,2009。

---

123

初春时节,乍暖还寒。初春的东钱湖所呈现的天然丽色可与远近闻名、仪态万千的西子湖相比,"东湖谁信更清幽"一个问句表达出诗人认为东钱湖的天然风光更显清秀幽静之妙。湖面烟波浩瀚,湖上百舸争流,七十二溪流注,自然风光得天独厚。最后一句诗人巧妙地把东钱湖所具有的全部魅力留给人们遐想:天然的景物谁能道清它的美妙,只有留待后世诗人们来雕琢粉饰了。

东钱湖不仅水美,山更是灵秀。湖周边青山叠翠,八十一岭环抱,不似五岳的高峻陡峭,即使群山也并无巍峨的气势,却独具江南的风韵。南宋丞相郑清之就在一首《东湖》中如此描绘东钱湖山水:

## 东　湖

### ［宋］郑清之

谁将东湖光,敛作大圆鉴。

千峰就妆束,万句互窥瞰。

红消日脚明,绿净山影蘸。

我来一登临,扁舟隐可缆。

诗中环绕着东钱湖的群山就像一群婉约温柔的江南女子,略施粉黛,就这样羞涩地伫立着,窥探着眼前的一切。南宋文豪、《三字经》的作者王应麟也以"东钱湖"为题作诗称赞东钱湖恬静的风韵:

## 东钱湖

### ［宋］王应麟

湖草青青湖水平,犹航西渡入空明。

月波夜静银浮镜,霞屿春深锦作屏。

丞相祠前惟古柏,读书台上但啼莺。

年年谢豹花开日,犹有游人作伴行。

东钱湖山水诗意浓,还吸引了明代书画名人范钦、徐渭、王稚登等游赏湖上,吟诗作赋,留下了大量的写景美篇流传后世:

## 泛东湖

[明] 范　钦

澄波四望空,画舸溯冷风。

野寺轻鸥外,人家细雨中。

菰蒲临水映,洞壑与天通。

即拟寻真去,花源杳无穷。

## 泛钱湖入寺

[明] 徐　渭

花雨净氛埃,仙舟镜里回。

湖平孤屿出,天阔万峰来。

云掩全藏寺,山青尽点苔。

惟余孟夫子,迢递独寻梅。

注:本诗引自《中国青年报》2012 年 09 月 25 日 04 版《诗意东钱湖》。

## 雨中同诸君游东钱湖

[明] 王稚登

乱厓层壑水粼粼,一见渔舟一问津。

修竹到门云里寺,流泉入袖雨中人。

地从南渡多遗恨,湖比西家亦效颦。

酒似鹅黄人似玉,不须深叹客途贫。

东钱湖不仅风景怡人,而且自然资源优渥,一直以来为各朝代开发利用。东钱湖为海迹湖,形成于第四纪末期,由于海侵极盛,整个宁绍平原被一片浅海覆盖,海褪后,大片湖泊随着岸线北退不断出现,其中一部分逐渐发育成潟湖，随着泥沙的沉积以及岸线的进一步后退，一部分潟湖就逐渐转化为淡水湖（陈桥驿等，1984），东钱湖在晋朝时就已出现湖的雏形。据李墩《修东钱湖议》记载，唐天宝三年（公元744年）县令陆南金相度地势，开广湖区，筑八塘四堰，蓄水三河半，灌七乡十余万顷之田，大丰。由此，东钱湖也开启了历史上鄞县尤其是东乡的水利时代（杨小娣，2018）。百姓感恩，立祠湖旁以纪念陆南金，明代余有丁也赋诗怀念：

## 东钱湖

［明］余有丁

钱湖佳胜万山临，映水楼台花木深。

开拓平畴八百顷，不知谁祀陆南金。

注：本诗引自余隘祠堂简介资料。

至北宋庆历年间，宋荆公王安石任鄞县县令，重整湖界，疏浚东钱湖，通过"除葑草、立湖界、起堤坝、决陂塘"实现"限湖水之出，捍海潮之入"，并在其诗《忆鄞县东吴太白山水》中回忆起自己曾经在东钱湖的经历：

## 忆鄞县东吴太白山水

［宋］王安石

孤城回首距几何？忆得好处长经过。

最思东山春树霭，更忆东湖秋水波。

三年飘忽如梦寐，万事感激徒悲歌。

应须饮酒不复道，今夜江头明月多。

经过王安石的治理，东钱湖的蓄水和灌溉能力得到了很大提升。重新疏浚后的东钱湖水质清冽、碧波荡漾。宋代政治家、诗人袁燮在其组诗《又二首》（其一）中颂曰：

## 又二首（其一）

［宋］袁　燮

平生酷爱水浮天，每到东湖意豁然。

要识此湖功利溥，早时无限荫民田。

东钱湖历经千年，湖底淤泥层层堆积，这也是困扰东钱湖的千年难题。为恢复东钱湖区的生态环境，政府迄今已累计投入的生态建设资金超过 100 亿元，占全部投资的 1/3 以上。其中沿湖村企拆迁安置 50 亿元，清淤工程、沿山干河及岸线、山塘、河道整治 32 亿元，排污体系建设和污染治理 9 亿元……近十年的治理，终于换来东钱湖水质的大逆转。湖水从整体Ⅳ类、局部Ⅴ类上升到总体Ⅲ类、局部Ⅱ类，绝迹 30 多年的银鱼、莼菜等环境敏感型物种又重新出现（杨小娣，2018）。

从唐至今，东钱湖由最初的围堰造田到历代的疏浚，再到如今的"西湖风韵、太湖气魄"，谱写了人与自然和谐共处的一段段历史；东钱湖从过去蓄水灌溉、捕鱼垂钓到现在从生态、文化、乐游等诸方面反哺滋养着当地民生，也充分体现了历朝历代人民改变环境、适应环境的伟大智慧和魄力。东钱湖的山水风光及东钱湖的水利文化积淀深厚，独具特色，也正因悠远的历史与文化传承，如今东钱湖的山水风光才更显厚重与绵长。

# 湖于嘉泰又名慈
## 宁波慈湖

宁波慈湖,位于浙江宁波市江北区慈城古镇北门外的阚山脚下,是历史上人工开凿的湖泊。慈湖北靠阚峰,南临慈城,湖面不大,细长的湖堤将长腰形湖水分隔两半,格外精致灵秀。全国有不少湖泊以"慈"而名,这慈城边上的慈湖使得中国千年的慈孝文化更显深厚。明人杨江《慈湖三贤迹》一诗完整地叙述了慈湖的由来以及其几番得名的原因:

### 慈湖三贤迹

〔明〕杨　江

开元凿后渐成规,几度乾坤气数移。

山自赤乌方姓阚,湖于嘉泰又名慈。

英灵旧著三贤迹,声画新传百咏诗。

对此忽思坡老语,淡妆浓抹似西施。

　　慈湖,唐时称阚湖,又称德润湖。诗中"山自赤乌方姓阚"一句便讲述了阚峰山的由来,阚山、阚湖自三国时吴国赤乌年间就开始得名,以"阚"字命名山湖主要是为了纪念吴将都乡侯、"慈湖三贤"之首阚泽。阚泽是慈城人,字德润,据说他少年时代曾在阚峰下勤耕苦读,后在东吴,官至中书令(相当于宰相),晚年回乡舍宅建寺,后人为纪念他故名。诗首句"开元凿后渐成规,几度乾坤气数移"是指唐朝开元二十六年(738年),房琯从长安迁至慈城为第一任县令,他上任后把县治迁至今慈城浮碧山以南,仿效古都长安一街一河的格局重建县治,并下令在这水源丰盈的低洼之地开挖慈湖,"以壮一邑之形势,利一方之黎民",据史料记载当时湖域面积有150亩(王颖颖,2011)。房琯心系于民,也被后人称赞为"慈湖三贤"之一。慈湖开凿后,山不高而清幽,湖不大而秀丽,后世留下了不少以阚湖为名的写景诗篇:

### 行阚湖

[明] 夏时正

雨后青山青不断,水田一望稻平铺。

画船载酒看秋色,未必西湖胜阚湖。

注:本诗引自雍正《慈溪县志》卷十六。

### 阚湖浮碧

[明] 陈茂义

湖边石马欲销歇,阚相勋名亦渺茫。

惟有山云伴山翠,只今朝夕泛湖光。

注:本诗引自宁波市慈湖中学校史办公室2012年编《慈湖诗词选》。

### 慈湖十咏·阚公湖采菱

[清] 应梦仙

烟痕一抹阚湖波,菱叶菱花香气多。

采采不辞风露重,越人犹爱唱吴歌。

注:本诗引自《宁波耆旧诗》。

在诗人们的笔下,阚峰巍巍,慈水涟涟,菱花飘香,生机勃勃,不论春光秋景,丝毫不输山水甲天下的杭州西湖。

"慈湖三贤"的最后一贤就是为今天慈湖冠名的南宋著名学者杨简,杨简,字文元,世称"慈湖先生"。"湖于嘉泰又名慈"一句道出了慈湖得名由来,南宋嘉泰年间,杨简拜著名理学家陆九渊为师,发展心学理论,并筑室湖畔取名"慈湖书院"开课宣讲,他倡导慈孝,又受当地董黯汲水侍母疗病的慈孝典故启发,遂将"阚湖"改名为"慈湖"并一直沿用至今。他在《慈湖》组诗中表达了自己为湖更名的意愿:

## 慈湖(六首选三)

[宋] 杨 简

惜也天然一段奇,如何万古罕人知?

只今烟水平轩槛,触目无非是孝慈。


惜也天然一段奇,如何万古罕人知?

只今弄月吟风处,孔子明言是孝慈。


惜也天然一段奇,如何万古罕人知?

只今山色连深翠,孔子明言是孝慈。

注:本诗引自《慈湖遗书》卷六。

慈湖岸边的民风则是"邑有董孝子遗风,人知孝爱,乐循理事旧矣。"孝子遗风流传后世,颇为世人所称颂:

## 过董叔达故居

[宋] 王 休

短石拂荒阡,诵君孝行全。

甘泉潜易地,至德上通天。

明诏再三下,承欢八十年。

草堂遗址在,溪水绕涓涓。

## 拜董征君墓

### ［清］全祖望

郊行再拜征君墓，埏道长怀季海碑。

妙墨已随灰劫尽，寒泉犹泻墓庐悲。

望云不隔慈湖水，考异谁来楚客疑。

密迩先茔余丙舍，年年瞻拜酹新醨。

注：本诗引自《宁波古韵·宁波地名诗》，甘肃人民美术出版社，宁波出版社，2009。

　　慈湖历经千年，源远流长。如果说慈湖是慈城之心，那么曾经临湖而筑的慈湖书院则为慈城添增了深厚的人文底蕴。杨简的慈湖书院倡导的"本心"学说，其核心思想是"无思无虑谓道心"，当时被称为浙东慈湖学派。杨简的学说颇受追捧，四方学者踵接影从，书院名声大振，元代诗人翁传心（曾为慈湖书院山长）作诗赞历代胜事道：

## 慈　湖

### ［元］翁传心

#### 其一

好山四面绕青螺，十里慈湖胜事多。

阚相门前花似锦，杨公祠下水如罗。

人从碧玉壶中立，鸟向青铜镜里过。

买尽江南霜白纸，品题不了欲如何。

#### 其二

慈湖风景自霏微，半属琴堂半钓矶。

春满水塘花映带，秋多烟雨柳依稀。

房公官日青骢饮，杨子来时白鸟飞。

往事悠悠成感激，吟髭捻断掩柴扉。

注：本诗引自雍正《慈溪县志》卷十六。

从此，"慈湖"和"慈湖书院"联翩成名。慈湖书院享有极高的历史地位，吸引了后世不少文人、学者前来拜谒，并纷纷赋诗称道：

### 杨文元先生祠

[元] 福德庸

湖光潋滟草毵毵，想见文元德化覃。

派衍濂溪通海宇，源分洙泗过江南。

一官政事三朝最，百岁仪型万代瞻。

遗像凛然人未死，清风明月满香龛。

注：本诗引自宁波市慈湖中学校史办公室 2012 年编《慈湖诗词选》。

### 慈湖书院

[明] 陈敬宗

青山郁郁树苍苍，中有慈湖旧讲堂。

庭草尚含书带色，壁尘犹护墨花香。

三秋霁月海天渺，千古清风云水长。

留得遗书传后学，几回中夜仰奎光。

注：本诗引自成化《四明郡志》卷十。

慈湖书院一度被毁，明清时期又得以修缮，如今迁址在慈湖中学内。史水淙淙流长，慈湖精神垂青。今天的慈湖更是宁波一张亮眼的湖山名片，她与东钱湖互为"镜像"，已成为宁波两大湖山资源胜地之一。较之东钱湖的热闹，慈湖则更为宁静怡人。春绿夏红秋黄冬白，四季的慈湖有着不同的色彩，漫步河堤，湖水像是被染上了色，穿梭在纤纤的柳条间，忽隐忽现的人影，或近或远的人语声，还有不远处慈湖中学里琅琅读书的学生。慈湖，就这样安静地流淌在慈城的怀抱中，她以"慈孝"之名，以"本心"之智，温暖滋养着一代代的慈湖人。

# 湖上高楼锁烟雨
## 嘉兴南湖

嘉兴南湖,位于浙江省嘉兴市东南,风景秀丽,历史悠久,有两湖区,其东南古称彪湖、马场湖、东湖、南湖,其西南古称鸳鸯湖,史上水利工程修缮、更迭,使得两湖区相连,如今统称南湖(陆瑾翊和马军山,2017)。嘉兴南湖湖体南北长,东西狭,湖泊面积1.12平方千米,水深3～5米。据考证,嘉兴南湖形成于汉代,湖区四周地势低平,河港纵横,这里一直以来芦蒿丛生,尚无景观。直至唐代,南北大运河的开挖给江南水运带来了极大便利,江南经济得到快速发展,嘉兴凭借其地理位置及大运河的便利交通,成为中国东南重要的粮食产区,有"嘉禾一穰,江淮为之康;嘉禾一歉,江淮为之俭"的说法。随着经济的发展,对南湖风光的开发也逐渐兴盛起来,历史上大名鼎鼎的烟雨楼便建于此,据《十国春秋》记载:"元璙作金谷园以娱老,又建烟雨楼于滮湖之上。"说的就是后晋天福年间,广陵王钱元璙任中吴节度使时,在南湖畔筑宾舍以为"登眺之所",南湖逐渐形成游览之地。

　　千百年来,南湖以其"轻烟拂渚,微风欲来"的迷人景色成为江南著名的旅游胜地,历代文人学士为南湖留下了无数诗篇和画卷。我们今天能见到的最早写南湖的诗,就是来自盛唐嘉兴诗人丘为的这首《湖中寄王侍御》:

### 湖中寄王侍御

［唐］丘　为

日日湖水上,好登湖上楼。

终年不向郭,过午始梳头。

尝自爱杯酒，得无相献酬。

小僮能脍鲤，少妾事莲舟。

每有南浦信，仍期后月游。

方春转摇荡，孤兴时淹留。

骢马真傲吏，倏然无所求。

晨趋玉阶下，心许沧江流。

少别如昨日，何言经数秋。

应知方外事，独往非悠悠。

　　全诗围绕"湖"写来，此"湖"是古彪湖也就是今天的嘉兴南湖，诗中的王侍御即唐朝著名诗人王维。作者用大量篇幅描绘了自己退休归居后生活在湖边优美的环境中，过着杯酒相伴、友朋互访的无忧无虑的生活，字里行间充满了对家乡湖泊的热爱和夸耀，也留下了唐代时嘉兴南湖的记载。

　　南湖刚形成时面积辽阔，比现在的湖面大2～3倍。宋时仍是湖面浩瀚，在江南的烟雨暮色中，烟霭似纱，雨丝如雾，临湖恍若置身仙境。宋代嘉兴地方诗人张尧同在《嘉禾百咏》中高度称赞湖上迷人的景色：

## 嘉禾百咏·滮湖

［宋］张尧同

四境田相接，烟澜自渺瀰。

客来吟此景，无或比滮池。

　　北宋以后，南湖湖畔陆续兴建园林，建有潘师旦园、高氏圃、南湖草堂、列岫亭、水心亭、乐郊亭、勺园、颜家园、瓣香阁、秋水阁等，园林游览之风极盛，与杭州西湖、绍兴东湖并称浙江三大名湖。烟雨楼也迎来了它的又一次重生，嘉定年间吏部尚书王希吕在钱氏遗址建楼，后由其儿孙辈扩

建成烟雨楼(孙云娟等,2011)。南宋著名文学家、诗人杨万里曾著《烟雨楼》一诗称颂湖上绝妙风光:

## 烟雨楼

[宋]杨万里

轻烟漠漠雨疎疎,碧瓦朱甍照水隅。

幸有园林依燕第,不妨蓑笠钓鸳湖。

渔歌欸乃声高下,远树溟蒙色有无。

徙倚阑干衫袖冷,令人归兴忆莼鲈。

注:本诗引自《古今山水名胜诗词辞典》,陕西人民出版社,1991,第546页。

声名远扬的南湖烟雨令诗人兴致勃勃,在初春阴雨时节游园、赏湖、垂钓,水汽氤氲中的嘉兴南湖醉了多少游人啊!南宋后期名臣及诗人吴潜在《水调歌头·题烟雨楼》中也赋词赞叹道:"东湖千顷烟雨,占断几春秋。自有茂林修竹,不用买花沽酒,此乐若为酬。秋到天空阔,浩气与云浮。"宋元诗人方回在其《听航船歌》也说:"阑干倚尽催诗处,晴日须来三四回。"到元代以后,由于湖滨泥沙淤积和历代城市的发展,水域面积日渐缩小,到如今湖面已缩小三分之二,昔日让古人诗兴大发的千顷南湖的秀美画卷只能在诗词中回味了。

明代,江南商品经济繁荣,嘉兴被誉为"东南一都会"。嘉靖年间,嘉兴知府赵瀛主持修浚城内市河,运河泥填于南湖中,成"厚五丈广二十丈"的湖心小岛,并于次年迁建烟雨楼于岛上,烟雨楼以同名重建(李持真,2006)。据史料记载,明代时外地有不少人都知道嘉兴有"烟雨楼",南湖游览之风兴盛。《嘉兴县志》记述:"滮湖亦称南湖,西侧灯含宰渚,北则虹饮濠梁。倚水千家,背城百雉,蓁霞杨柳,菱叶荷花,绿漫波光,碧开天影,雕舷笙瑟,靡间凉燠,此一方最胜处也。"明代著名诗人、隆庆年间进士陈履邀友登烟雨楼后,写下《春日邀彦吉集烟雨楼漫赋》,对南湖及烟雨楼景观进行了一番吟诵:"秀州城南烟水多,当年此地频经过。同游俱是高阳侣,临风呼酒还悲歌。湖上高楼锁烟雨,岁久荒凉已非故。周遭雨浦只菰蒲,来往烟汀但鸥鹭。"

清初,诗坛盟主钱谦益慕名来游,被"湖上高楼锁烟雨"的南湖所打动,南湖烟雨名不虚传,诗兴所至,留下《题南湖勺园》美篇:

### 题南湖勺园
#### [清] 钱谦益

寒园竹树正萧萧,几度南湖影动摇。

有雨云岚浑欲长,无山翠霭不曾消。

波生地角生朝气,水落天根见暮潮。

楼上何人看烟雨,为君枝策上溪桥。

注:本诗引自《牧斋初学集》卷八。

清代著名诗人吴伟业的古体长诗《鸳湖曲》中,首段就描绘了南湖的典型风光:"鸳鸯湖畔草粘天,二月春深好放船。柳叶乱飘千尺雨,桃花斜带一溪烟。"这四句将"轻烟拂渚,微风欲来"的南湖勾勒得淋漓尽致,也被后世作为描绘南湖风光最漂亮的诗句,留在了嘉兴的历史文献上。

嘉兴南湖不仅以其秀丽的风光享有盛名,还因中国共产党第一次全国代表大会在这里胜利闭幕而备受世人瞩目,成为中国革命的圣地。1921 年 7 月 23 日,中国共产党第一次全国代表大会在上海法租界望志路 106 号(今兴业路 76 号)秘密召开,会议进行中途遭法租界巡捕的袭扰而被迫停会。根据上海代表李达的夫人王会悟的建议,"一大"会议转移到浙江嘉兴南湖的一条游船上继续举行,代表们以游湖为名,让船主把船停泊在烟雨楼东南僻静水域继续开会(姚炎鑫和李伟,2016)。在南湖上,"一大"审议并通过了中国共产党第一个纲领和中国共产党第一个决议,中国的历史从此书写出全新的篇章。

南湖是沧桑的,烟雨楼几经兴废,令它阅尽了历史的沧桑巨变;而南湖又是幸运的,历史的选择让其他闻名遐迩的湖泊都无法与它相提并论,是历史赋予了它特殊的时代精神与内涵,使它成为人们心驰神往的红色圣地。每年数十万游客来到嘉兴南湖,登烟雨楼,赏南湖景,瞻仰"红船",接受革命传统教育,如今"水乡禾城秀色里,革命红船烟雨中"是嘉兴南湖风貌更具时代感的写照。

# 东湖烟水浩漫漫
## 蠡湖

（供图：朱广伟）

蠡湖，又名五里湖，是太湖伸入无锡的内湖，位于江苏省无锡市西南郊，离市中心约10千米，形如葫芦状，总面积8.6平方千米。"蠡"本意就有水瓢的意思，蠡湖形如其名。不过凡是到无锡旅游的人，站在风光秀丽的蠡湖边，望着碧绿清澈的湖水，脑海中就会由湖名不禁想到越大夫范蠡和美女西施泛舟湖上的故事，令人浮想联翩。

经考证，蠡湖之名确实与越大夫范蠡有关。周元王三年（公元前473年），越大夫范蠡伐吴开蠡渎，亦名蠡湖、漕湖。北宋乐史在《太平寰宇记》也有这样的推断："范蠡伐吴开此，故名。其称漕者或以通漕运也。"由此可见，蠡湖的存在原是吴越争霸中的一项重要漕运工程，所以当时也称为漕湖。明人王永积在《锡山景物略·五里湖》也有证实："蠡自有湖，蠡开之。"后来，越国大夫范蠡协助越王勾践战胜吴国后，功成身退，传说他偕西施隐于蠡湖，在蠡湖畔泛舟养鱼，渡过了美好的时光。人们为了纪念范蠡，故称蠡湖。明代学士华淑的《五里湖赋》也提到了此段传说："字湖以蠡，湖有情兮。字蠡以施，蠡无憾兮。"清初无锡籍名士、翰林院检讨严绳孙所著《西施庄》诗云：

## 西施庄

### ［清］严绳孙

芦萝无复浣春纱，肠断湖帆十幅斜。

蔓草尚沾亡国泪，远山长对美人家。

白猿剑去空消息，乌鹊歌残几岁华。

不见沼吴人别后，年年开落野棠花。

注：本诗引自《秋水集》卷二，第20页。

清代方志学家、无锡学者秦瀛在《梁溪杂咏》中亦有诗云：

## 梁溪杂咏

[清] 秦　瀛

### 其一

五湖何处吊夷光，白纻歌成怨夕阳。

犹有靡芜学裙带，东风吹绿美人庄。

注：本诗引自蠡湖景区、太湖风景区管理官网。

可见，这蠡湖倒是因才子佳人的故事，平添了几分韵味。

蠡湖除了漕湖这个名字，还有孟湖、漆湖、小五湖等数个称谓。比如，孟湖，就得名于唐代刺史孟简。孟简任常州刺史时期征集大量民工进行大规模的河道疏浚改造，以贯通江河解除旱涝之灾，粮船得以分流，入江过河畅通无阻，并疏通漕湖，后人为了纪念孟简的功绩，把漕湖一度称为孟湖(石青，2012)。不论冠名如何，蠡湖在历史上都发挥了重要的作用，这一湖灵水，蕴藏着蓬勃的生机和活力，受到历代文人雅士的喜爱，诗人来此临湖凭吊，留下了不少传世名篇。其中最有名的要数唐代诗人牟融的《过蠡湖》，这首七律后来被收入《全唐诗》中：

## 过蠡湖

[唐] 牟　融

东湖烟水浩漫漫，湘浦秋声入夜寒。

风外暗香飘落粉，月中清影舞离鸾。

多情袁尹频移席，有道乔仙独倚阑。

几度籧帘相对处，无边诗思到吟坛。

蠡湖位于太湖之东，兼太湖的浩瀚无际，容江南水乡的灵秀婀娜。诗人应邀与友人相聚，因主人的殷勤劝慰，酒性正酣，醉眼望去，湖上的风月显得愈发多情,蠡湖也充满了绵绵诗意。

唐代官员、诗人刘长卿、熊孺登等也纷纷咏湖抒怀:

## 无锡东郭送友人游越

[唐] 刘长卿

客路风霜晓,郊原春兴馀。

平芜不可望,游子去何如。

烟水乘湖阔,云山适越初。

旧都怀作赋,古穴觅藏书。

碑缺曹娥宅,林荒逸少居。

江湖无限意,非独为樵渔。

## 董监庙

[唐] 熊孺登

仁杰淫祠废欲无,枯枫老栎两三株。

神乌惯得商人食,飞趁征帆过蠡湖。

蠡湖以春景最佳。湖岸蜿蜒曲折,岸边垂柳依依,滩软水清,环境幽静,可忘情垂钓于湖光山色,在沐浴春光中品味回归大自然的愉悦。明代无锡人王永积号称"蠡湖野叟",可见他对蠡湖的钟爱,其《五里湖》一诗再现了当时湖上的无限春光:

## 五里湖

[明] 王永积

一篙春水没平芜,远望岧峣映玉符。

潋滟连空云不雨,潇湘入眼画难图。

鸬鹚出没鱼同患,鸠鹊阴晴鸟各呼。

却笑沧江垂钓叟,收纶饵得巨鳌无?

明代文学家、政治家、东林党领袖之一的高攀龙辞官还乡后,在蠡湖边的鱼池头水中修筑一座小楼,小楼四面开窗,可以望山,可以观水,可以清风送爽,可以阳光普照,可以明月作伴,高攀龙在此隐居读书 27 年直至终老。他的诗作《水居》表达了归隐蠡湖畔后的闲适宁静:

## 水 居
### [明]高攀龙

到此情偏适,安居兴日新。

闲来观物妙,静后见人亲。

啼鸟当清昼,飞华正暮春。

呼童数新笋,好护碧窗筠。

清人刘齐的一首《晓渡蠡湖》更是将蠡湖的风光秀美描绘得真切,读来恍如身临其境:

## 晓渡蠡湖
### [清]刘 齐

秋日湖干爽气横,更逢初曙景逾清。

烟收远树山徐出,月落寒涛水正平。

渔唱忽随霜露起,扁舟共载几人行。

平吴事业今谁在,一领蓑衣万古情。

诗人笔底波澜不惊,却已包罗万象。湖光山色,村居渔家,漕船水亭,明月清霜,蠡湖的风景该写的似乎都写了进去,连晨雾蜃气都看得仔细,蠡湖之美、蠡湖之韵跃然纸上。

蠡湖有它的沧桑,更有它的旖旎。明代无锡人华淑,曾把蠡湖与西湖相比,认为"西湖之胜:以艳、以秀、以嫩、以园、以堤、以桥、以亭、以祠墓、以雉堞、以桃柳、以歌舞,如美人;蠡湖之胜:以旷、以老、以逸、以莽荡、以苍凉、侠乎、仙乎,而于雪、于月、于烟雨,于长风淡霭",则蠡湖更为悦目爽神(冯春尼,2013)。

近年来,由于太湖流域工农业迅速发展与城市化进程的加快,美丽的蠡湖富营养化加剧,加之环境意识不足,治理措施严重滞后,水质严重恶化,水生植物特别是沉水植物几近灭绝。2000年年初,无锡市政府下决心改善湖区状况,在各有关部门的大力支持和配合下,对五里湖水域实施生态系统修复。经过一系列工程措施,示范区水质很快得到提升,如总氮、总磷下降了40%以上,叶绿素a下降了50%以上,而透明度提高了3倍以上,水草茂盛,水体景观大大改善,生态系统日趋稳定,提高水质的同时也提高了湖泊的景观价值(章铭,2012)。蠡湖的生态修复也被作为我国浅水富营养化湖泊的治理典型成功案例得到广泛认可和推广。经过生态修复后的蠡湖,碧波荡漾,与世无争,笑看风月,也正是这一湖清波洁浪,使富庶的无锡,历史文化底蕴更足,山水名城显现,风光名扬天下。

# 金陵莫美于后湖
## 玄武湖

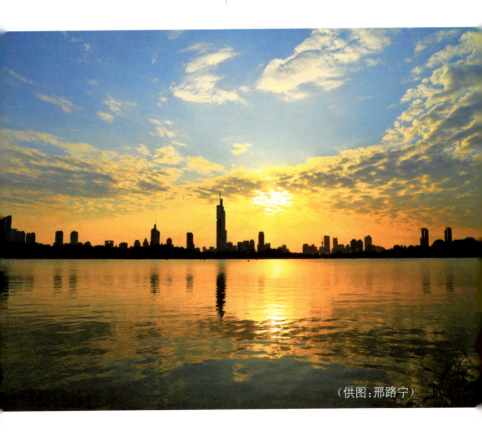

（供图：邢路宁）

"钱塘莫美于西湖,金陵莫美于后湖。"这是北宋文学家欧阳修赞誉玄武湖的名句,可见玄武湖风光在历史上享有和杭州西湖同样的地位。玄武湖历史上属皇家园林,现为南京名胜古迹之一,地处南京城区北部,东枕钟山(现紫金山),西、南两面依城墙,九华、鸡笼两山隔城屏列于南,红山、幕府山横迤于北。玄武湖现面积 3.7 平方千米,形状略似等边三角形,全湖平均水深 1.3～1.4 米,湖中底泥肥沃,盛产鱼虾等水产品,不仅是一个极具观赏价值的公园性湖泊,还是具有一定经济价值的生产性湖泊(杨利寿等,1979)。

　　玄武湖并非天然湖泊,地质学家进行勘测后认为其地质成因得益于钟山逆掩断层、天堡城断层、富贵山断层、太平门断层这四大断裂间的洼地,推断"玄武湖实为一人工开凿之湖"(毕庆昌和王超翔,1936)。玄武湖早在秦汉时期就已形成一片巨大的浅水湖沼,史载湖周回达四十里,据此推算当时湖的面积约是现在的三倍。秦始皇灭楚后改金陵邑为秣陵县,玄武湖更名为秣陵湖。继吴大帝建都建业之后,开潮沟"名为引江潮而实则通湖水",又因玄武湖位于宫城之北,故名"后湖"或"北湖"。进入六朝时期,南京为六朝之都,玄武湖作为建康皇宫台城以北一大景观湖,成为封建帝王的游乐之地,不少著名的皇家园林都是围绕玄武湖修建,如玄武湖南岸的华林园、乐游苑、白水苑,玄武湖东的青林苑、博望苑,玄武湖北的上林苑。据说南朝梁武帝时,太子萧统颇爱读书,喜欢游赏玄武湖,于是模仿神话中的昆仑山顶神仙之居的黄帝之园,在玄武湖边建造了一座玄圃作为游园,还在此作了《玄圃讲诗》抒怀:

## 玄圃讲诗

[南朝] 萧　统

白藏气已暮，玄英序方及。稍觉螿声凄，转闻鸣雁急。
穿池状浩汗，筑峰形嶪峉。旰云缘宇阴，晚景乘轩入。
风来幔影转，霜流树条湿。林际素羽翻，漪间赪尾吸。
试欲游宝山，庶使信根立。名利白巾谈，笔札刘王给。
兹乐逾笙磬，宁止消悁邑。虽娱惠有三，终寡闻知十。

现今玄武湖内仍有一处六朝风格建筑的玄圃，但已是后世新建而非古迹。被皇家园林环绕的玄武湖，始终与权贵绑定，普通平民自然也就无法亲近。六朝时期的玄武湖就这么默默地被皇家权贵独自享用了300年，也成为后人借古喻今讽诵吟咏的对象。譬如，唐代诗人李白、李商隐、韦庄等都曾在玄武湖留下了咏史名篇：

## 金陵（其二）

[唐] 李　白

地拥金陵势，城回江水流。
当时百万户，夹道起朱楼。
亡国生春草，王宫没古丘。
空余后湖月，波上对瀛州。

诗中金陵是六朝建都之地，当时极尽奢华的楼宇宫殿，到唐代都已荡然无存。这和唐代天宝至德年间两京残破的景象，颇有相似之处。唐代诗人李商隐的诗作《南朝》曰：

## 南　朝

[唐] 李商隐

玄武湖中玉漏催，鸡鸣埭口绣襦回。
谁言琼树朝朝见，不及金莲步步来。
敌国军营漂木柹，前朝神庙锁烟煤。
满宫学士皆颜色，江令当年只费才。

诗首二句"玄武湖中玉漏催,鸡鸣埭口绣襦回"引用了齐武帝夜半射猎的典故,齐武帝尤喜夜半射猎,数次在宫女们的陪同下狩猎至玄武湖北埭,直至拂晓鸡鸣之时,湖北埭此后被称为"鸡鸣埭"。诗词间充满了对南朝君主荒淫相继的讽刺,以及对君臣串演亡国悲剧的感慨。

韦庄为晚唐诗人,玄武湖毗邻台城脚下,这首《台城》也表达了类似的感慨。诗人们游览金陵,赏玄武湖景,吊六朝遗迹,抒兴亡之感。

## 台　城

### [唐] 韦　庄

江雨霏霏江草齐,六朝如梦鸟空啼。

无情最是台城柳,依旧烟笼十里堤。

历史上的玄武湖还是训练和检阅水军的中心基地。宋孝武帝时曾两次在湖上大阅水军;陈宣帝太建十年,也曾阅军湖上。当帝王们想对外用兵扩张自己的王业美梦时,玄武湖便成了"昆明池",以操练水师之用。李商隐的另一首诗也对此进行了描述:

## 咏史二首(其一)

### [唐] 李商隐

北湖南埭水漫漫,一片降旗百尺竿。

三百年间同晓梦,钟山何处有龙盘?

北湖是玄武湖,《金陵志》中说:"南埭,水上闸也",所以北湖南埭这里统指玄武湖,是南朝操练水军的场所。诗中意指玄武湖湖水漫漫,然而昔日的水军、帝王却都不复存在,通过对两汉之际王莽篡权的历史回顾,表达了诗人强烈的爱国主义情感。后南唐诗人朱存也在其《金陵览古·后湖》一诗中重现了当年湖上练兵、旌旗蔽日、鼓角震天的景象:

## 金陵览古·后湖

### [南唐] 朱 存

雷轰叠鼓火翻旗，三翼翩翩试水师。

惊起黑龙眠不得，狂风猛雨不多时。

隋唐以后，玄武湖随着都城的北移日渐衰落。宋熙宁八年(1075年)，江宁府尹王安石为充实粮仓，奏准宋神宗泄湖得田。其间，王安石应邀拜访隐居玄武湖畔的湖阴先生(杨德逢)，即兴在墙壁题诗一首：

## 书湖阴先生壁(其一)

### [宋] 王安石

茅檐长扫净无苔，花木成畦手自栽。

一水护田将绿绕，两山排闼送青来。

全诗流露出了愉快的意境，诗中的"两山"，指的是钟山和九华山。然而"一水护田将绿绕"中的"绿田"从何而来？据推测，应该是在王安石的操办下，玄武湖此时已经全部"泄湖为田"。因此，诗人见到的不是湖水，而是长满麦苗的绿野了，诗人为此感到十分欣慰。

玄武湖因此消失了二百多年。南宋绍熙二年(1191年)，名臣兼诗人杨万里到建康(南京)任职，曾在七律《复日杂兴》中写到玄武湖变成农田后的情景：

## 复日杂兴

### [宋] 杨万里

金陵六月晓犹寒，近北天时较少暄。

打尽来禽那待熟，半开萱草已先翻。

独龙冈顶青千摺，十字河头碧一痕。

九郡报来都雨足，插秧收麦喜村村。

诗中的"独龙岗"即后来明孝陵所在的山冈，"十字河"就是往日的玄

---

151

武湖仅存的"一痕",也就是王安石上述诗句中的"一水"。王安石的出发点是好的,但"填湖造田"的弊端不久就暴露出来,缺少了玄武湖的调蓄功能,周边地区抗灾害能力明显下降,出现了"雨则涝,旱则涸"的尴尬局面。经过元朝大德五年(1301年)和至正三年(1343年)的两次疏浚,玄武湖才重新在南京版图上出现,但面积已大大缩小,大约只有六朝时期的三分之一了(马力,2017)。

到明朝时,玄武湖的命运再度发生变化,明洪武十四年(1381年),朱元璋选中玄武湖作为明朝中央政府黄册的存放地,建后湖黄册库(相当于现在的中央档案馆)。玄武湖从此成为一代禁地,与外界隔绝,其间仅有主事官员才能欣赏到禁湖风光。如明代监察御史许洪宥、张梯,南京户部主事李乐、吴道迩、蒋春生等都曾著诗描述当时玄武湖的景色:

### 宿湖有感

[明] 许洪宥

水作金汤柳作衔,清波隔断世途赊。

皇明有道期千岁,幽岛承图足万车。

注:本诗引自《后湖志》,[明] 赵官等编纂,南京出版社,2011年,第240页。

### 秋日过湖

[明] 张　梯

十里湖光一鉴恢,扁舟赢得此时来。

远山霜后多红叶,近水风前尚绿苔。

注:本诗引自《后湖志》,[明] 赵官等编纂,南京出版社,2011年,第247页。

### 湖　上

[明] 李　乐

烟雾苍茫湖水平,湖心浮屿迥空明。

盘崖古木处相附,曲磴青苔鹤自行。

注:本诗引自《后湖志》,[明] 赵官等编纂,南京出版社,2011年,第251页。

## 湖上次韵

### ［明］吴道迩

禁湖烟景好，栖集尽仙才。

赋就龙吟水，歌残凤下台。

蓬壶三岛里，图籍万方来。

俯仰多幽兴，新诗次第裁。

注:本诗引自《后湖志》，［明］赵官等编纂，南京出版社，2011年，第277页。

## 宿湖，和韦轩韵

### ［明］蒋春生

云树连湖望未穷，春堤倒影卧长虹。

帝城北枕鼋鼍窟，王气南拥蓬莱阁。

版籍生香花暗透，舆图焕影日当中。

暂分即署叨从事，独坐高斋对紫峰。

注:本诗引自《后湖志》，［明］赵官等编纂，南京出版社，2011年，第263页。

官员们没有监生之苦，只有权力往复，所以诗文大多仅是叙景，表达对玄武湖景色的喜爱和赞美。

明亡以后，清初因避康熙帝玄烨名讳，改玄武湖为元武湖。玄武湖景色依旧为帝王所称颂，康熙、乾隆南巡时均曾来此游历并留下诗词:

## 后　湖

### ［清］爱新觉罗·玄烨

淼淼长湖水，春来发绿波。

飞鸣下凫雁，朝暮集渔蓑。

## 元武湖即景杂咏

### ［清］爱新觉罗·弘历

太平门外进兰舟，元武湖中撰胜游。

欸乃渔歌出芦渚，冶怡花影漾沙洲。

玄武湖此时仍为皇家所属，据清代作家吴敬梓《文木山房集》中记载："康熙中百姓纳税于官，湖为民佃。乾隆初，上元令请归官佃，又成禁地矣。"直到同治、光绪年间，玄武湖才开放租民，大量出产藕荷、湖鱼。清代《天傭阁笔记》记载"玄武湖总计捕鱼三百万斤，荷叶年值千余金"，并且玄武湖对已有园林进行了一些增修，如湖心亭、大仙楼、观音阁、赏荷厅、陶公亭及湖山览胜楼等。进入民国时期，玄武湖作为曾经的皇家园林，拟被政府当作公园来建设，无奈由于资金短缺，始终未能完工。

几千年前，作为皇家园林的玄武湖，她的美几乎不为世人所知；如今的玄武湖，已褪去历史厚重的羁绊，温暖着每一名游子。环湖一周，玄武晨曦、北湖艺坊、玄圃、玄武烟柳、武庙古闸、明城探幽、古阅武台等景点令人目不暇接，宁静中雍容犹存，漫步玄武湖堤，你就能聆听到它们细述的那一段段过往云烟。

# 风波浩难止
## 丹阳湖

（供图：程龙娟）

丹阳湖，古称"巨浸"，地处安徽、江苏两省交界处，是我国古代长江中下游地区的著名大湖，旧名"南湖"，又称"西莲湖"。丹阳湖几经演变，古丹阳湖的面积曾达到4 000多平方千米，无怪乎被称为"巨浸"，是一个名副其实的超级大湖，我国现代的五大湖跟它比起来也是望尘莫及。

丹阳湖的形成源起于长江下游的青弋江、水阳江两支水系，它们从皖南山系奔流而下(图23-1)，受长江干流的顶托作用，在冰后期近长江低洼处开始形成湖泊，直至3.6 ka～2.5 ka B.P.年前，这个地区始终是个相对稳定的大湖。早在先秦时期，就出现了该湖的相关历史记载，洼地形成"中江在(今安徽省芜湖市)西南，东至阳羡(今江苏省宜兴市南)入海"，是

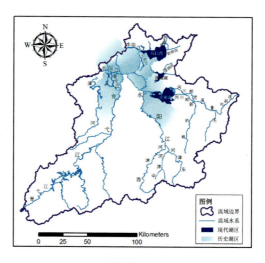

图 23-1

长江西水东流经中江入震泽(今太湖)的主要通道。到了三国孙吴"建丹阳湖田"时,丹阳湖名始见于史籍,因湖近秦置丹阳县故名。

丹阳古湖美丽富饶,湖面辽阔,水天相接,水产丰富,是一个天然宝库。唐代著名诗人李白在游历当涂横山时就为此湖倾倒,在其《赠丹阳横山周处士惟长》诗中对丹阳湖的湖光山色大为赞赏:

## 赠丹阳横山周处士惟长

### ［唐］李　白

周子横山隐,开门临城隅。

连峰入户牖,胜概凌方壶。

时作白纻词,放歌丹阳湖。

水色傲溟渤,川光秀菰蒲。

当其得意时,心与天壤俱。

闲云随舒卷,安识身有无。

抱石耻献玉,沉泉笑探珠。

羽化如可作,相携上清都。

夏季的丹阳湖烟波浩渺、鸥鹭嬉戏、荷叶田田、绿洲片片,山清水秀宛如仙境,旷远而秀丽。诗人专程泛舟湖上,纵意赏景,陶醉不已,并另作《丹阳湖》一诗咏诵湖中美景:

## 姑孰十咏·丹阳湖

### ［唐］李　白

湖与元气连,风波浩难止。

天外贾客归,云间片帆起。

龟游莲叶上,鸟宿芦花里。

少女棹轻舟,歌声逐流水。

"湖与元气连，风波浩难止"一句气势磅礴，生动再现了当时湖面水域辽阔，波涛涌动，生态秀美的风光。到唐元和八年（公元813年），据《元和郡县志》记载："丹阳湖在县（安徽省马鞍山市当涂县）东南七十九里。周三百余里，与溧水（今南京市溧水区）分湖为界"。由此粗略估算，当时湖泊面积也有二千多平方千米。与此同时，丹阳湖南侧出现"固城湖在（溧水）县南一百里，周九十里，多蒲鱼之利"。该湖又称南湖，当时属溧水县管辖（因高淳县于明弘治四年析置），据传吴筑固城邑于湖侧，故名。北宋年间，"石臼湖在（溧水）县西南三十里，西连丹阳湖岸，广一百六十里，北枕横山……"这里的石臼湖由古丹阳湖分化出来，位于安徽当涂县流域境内。北宋诗人郭祥正追随先人踪迹也来到了此湖，附和李白也吟诗一首：

## 追和李太白姑孰十咏·丹阳湖

### [宋] 郭祥正

湖光际长天，永日微风止。

菱歌一舟去，雪阵群鸥起。

荷香迷近远，秋色莹表里。

试问贺季真，何如镜湖水。

诗歌描写了初秋时节的古丹阳湖，水天相接、风平浪静，宁静而空灵。此时的丹阳湖已不再有"风波浩难止"的波澜壮阔，而是平添了一份宁静。诗人借用贺知章所写"惟有门前镜湖水，春风不改旧时波"诗句，以试问句感叹当时波涛涌动的湖不知为何变得静如明镜，流露出了岁月消长，物是人非的感慨。其实从宋代开始，丹阳湖的面积已大有缩减，由于泥沙的不断淤积，以及青弋江、水阳江入湖三角洲的发展，湖盆逐渐被堆积充填，加之强烈的人类围垦，如宋代湖中筑成湖阳圩，开始将湖一分为二，古丹阳湖面积缩小分化成丹阳、固城、石臼几个独立的小湖。

虽然湖面已再难见"风波浩难止"的壮阔，但丹阳湖的四季风光仍然不乏文人雅士的称颂。南宋词人、书法家张孝祥游历到此，作词《西江月·丹阳湖》颂曰:"问讯湖边春色,重来又是三年。东风吹我过湖船,杨柳丝丝拂面。世路如今已惯,此心到处悠然。寒光亭下水如天,飞起沙鸥一片。"

元末明初,深受朱元璋器重的首席翰林学士陶安,其诗《三湖·三泽茫茫一碧连》中说:"三泽茫茫一碧连,白搬风起棹歌传。树头烟浪浮沈日,水底星河上下天。"并在诗题下自注:"三泽,固城、石臼、丹阳",可见此时丹阳、固城、石臼三湖已并存。

到明清时期,明嘉靖《高淳县志》序言是当涂人邢珣所作,他落款为"三湖居士",即指已经独立的丹阳、固城、石臼三湖。明代女诗人端淑卿也不吝笔墨,作诗二首描绘出四百多年前丹阳湖的美景。她世居丹阳湖畔,笔墨多染自然之色,诗句落在山水之间,使丹阳湖秀丽、灵动的旧景跃然纸上:

### 咏丹阳湖

[明] 端淑卿

秋水茫茫带白苹,渔舟蟹网集湖滨。

长空入暮烟云起,只听歌声不见人。

注:本诗引自《中国地方志集成·安徽府县志辑(37)·乾隆太平府志(卷四十三)》,南京:江苏古籍出版社,1998,第753页。

### 秋夕泊丹湖

[明] 端淑卿

渺渺丹阳水,中流命小航。

波涛翻日月,芦荻卷风霜。

木落千林静,山横一黛长。

自怜当岁晚,犹困水云乡。

注:本诗引自《中国历代才女诗歌鉴赏辞典》,中国工人出版社,1991,第1248页。

古人不与水争地，则茫然一湖。宋前时期对湖泊的开发利用主要集中于水阳江中下游地势相对较高的区域，宋时期本区的开发利用主要集中于青弋江下游、青水两江交汇区域及本区古代湖泊处。到宋朝时，围湖垦殖活动进入鼎盛时期。以固城湖为例，自公元前514年至公元1279年，共围湖156平方千米，仅宋就围湖105.1平方千米，占湖泊面积的50%。经过宋代的大规模开发，本区湖泊发生了重大变化，整体形态的大湖泊已经分解成石臼、固城、南漪湖及一些小型湖泊。明代围湖之风日炽，丹阳、固城两湖界限更加分明，三湖圩堤也具有规模，至乾道年间"招佃之官"复垦之后又废，清末又复垦（杭宏秋，2004）。古丹阳湖历经了沧海桑田的变化，万年前这个4 000余平方千米的大湖（戴锦芳和赵锐，1992）在人类活动的干扰下，不断缩小和分化。

然而丹阳古湖多舛的命运远没有止于此。随着现代经济、技术全面发展，圩田的修筑主要在古代没有能力修筑的区域进行，如在石臼、固城、南漪三湖的西边以及山脚湖泊处。经过现代的围垦之后，本区3个较大型的湖泊进一步缩小，小型湖泊消失殆尽，20世纪四五十年代，三湖水面积497平方千米，其中丹阳湖164平方千米，石臼湖264平方千米，经过20世纪70年代围垦灭螺，围湖面积共260平方千米，丹阳湖基本上已经消失，固城湖原来也有69平方千米，经过多次围垦至1980年湖泊面积缩小到24.5平方千米，尚不足其原面积221平方千米的1/9，如今湖面全无，仅剩当涂东南位于大公圩同花津博望之间的狭小水域，已不足为道也。

至此，原"风波浩难止"的丹阳古湖从地图上消失，只能留在历史的诗画里了。

# 碧铜镜外走青蛇

## 石臼湖

石臼湖,位于南京溧水区、高淳区和安徽省当涂县交界处,面积207.65平方千米,经圩区河道连通长江,是一个过水性、吞吐型、季节性的通江湖泊(张继勇,2014)。

石臼湖春夏季为洪水期,秋冬季为枯水期,水位易受长江水位控制。湖上游为皖南山区,每到春夏长江汛期高水位时,江水倒灌入湖,石臼湖作为重要蓄洪区,可发挥调蓄作用,使下游的姑溪河、青山河、水阳江等安全度汛。早在宋代,杨万里在《圩丁词十解》中的一首中就称赞石臼湖周边圩堤的坚固:

## 圩丁词十解(其一)

### [宋]杨万里

何代何人作此圩,石顽土腻铁难如。

年年二月桃花水,如律流皈石臼湖。

诗人开头发问:"何代何人作此圩","何代"反映出这里筑圩的历史非常久远,这些圩堤经过了一年又一年洪水的考验,如今还存在可见其坚固。"年年二月桃花水,如律流皈石臼湖"则是指每年农历二月汛期到来,春夏雨季来临,本地的雨水汇聚,皖南山区的洪水下泄,两相夹击,江河水位暴涨,对圩堤的压力巨大,诗人希望这些坚固的圩堤一如既往能经得起考验。石臼湖不仅有拦蓄洪水功能,在雨水较少的年份,石臼湖还承担着下游当涂、芜湖、宣城等数十万亩农田的抗旱用水和水产品养殖用水,以及数十万人口的饮用水源;此外,石臼湖作为天然湿地,具有调节气候、候鸟迁徙、鱼类洄游等重要生态功能。

石臼湖因外形酷似一只石臼而得名,又因地处高淳之北,故亦名北湖,历史上曾是古丹阳湖的一部分。古丹阳湖水面连天、浩瀚无边,面积曾达4000平方千米,著名诗人李白曾以"湖与元气连,风波浩难止"称叹该湖的壮阔。然而,由于洪水泛滥、泥沙不断地淤积和人为大规模地围湖造田,古丹阳湖面积不断缩减,分化出固城湖、石臼湖、丹阳湖三个独立的小湖。分离出来的石臼湖虽然不能再与古丹阳湖相提并论,但她如诗如画的风光仍让古今无数文人墨客留下笔墨。譬如,李白又在另一首诗《游溧阳北湖亭望瓦屋山怀古赠同旅》中描绘了在石臼湖凭湖望山的景象:"朝登北湖亭,遥望瓦屋山。天清白露下,始觉秋风还。"

泛舟石臼湖上,极目远眺,南边的乌龟山和蛇山相峙对望;北面的狮子山和象山镇守湖岸;东面骆驼一般的骆山和双峰驼样的凤栖山横卧湖滨,山水交相辉映;浅蓝色的西横山连绵不断,像拔地而起的一面天然屏障。湖光山景,天造地设,美不胜收,这里留下了大量的绝美诗篇传世:

## 攸山望石臼湖

### [宋] 杨万里

雨中深闭轿窗纱,惊见孤光射眼花。

一顾平湖山尽处,碧铜镜外走青蛇。

宋代大诗人杨万里的这首《攸山望石臼湖》是描绘石臼湖风光的名篇。"碧铜镜外走青蛇"是引自民间传说《白蛇传》中的典故,传说法海和尚用照妖镜施法,青蛇白蛇与之斗法。诗人先放眼于整个石臼湖及其周边的山水,再逐渐把视线转至"平湖山尽处"的蛇山,它就像在碧绿如镜的石臼湖边游走的"青蛇"一般。"碧"写出了石臼湖的湖色,"铜镜"描绘了湖的形态,"孤光"突出了湖面波光粼粼的景象。"青蛇"中的"青"写了山之色,"蛇"写了山之形,细长而又曲折起伏,以动写静,同时又借用典故,为石臼湖的风光增添了神奇色彩。

进入明朝后,咏诵石臼湖的诗歌开始大量涌现。不仅有武尚耕所题《游石臼湖》这样以写景为主题的诗篇,还有很多借景抒怀的诗词,如明代教谕(官职名)干凤的《石臼湖》、明高淳文人邢昉的《石臼湖舟过爵垒》和《石臼湖》、高淳名士胡蛟之的《石臼湖》、明末清初江宁名士顾梦游的《送邢孟贞还石臼》、"栎下先生"周亮工的《登平安山望石臼湖》、夏维的《早发石臼湖》等:

## 游石臼湖

### [明] 武尚耕

百里晴湖掌样平,参差山影浸空明。

扁舟来往斜阳里,一任青尊笑语倾。

注:本诗引自《马鞍山日报》,2018 年 06 月 08 日,05 版。

## 石臼湖

### [明] 干 凤

几叶回舟动暝烟,一声欸乃动江天。

菰蒲浅处从栖泊,吹笛船头人未眠。

注:本诗引自《高淳诗词楹联撷芳》,中国文联出版社,2008,第 114 页。

## 石臼湖舟过爵垒

### [明] 邢 昉

碧水溅溅爵垒浮,家林只在垒西头。

可怜头白归来早,水上芦花是晚秋。

注:本诗引自高淳地方研究会会长魏云龙网络文章 http://www.xingaochun. com/thread－20156－1－1.html。

## 石臼湖

### ［明］邢　昉

晓楫起汀雁，方知湖水寒。

苇深分港细，天回值秋残。

蟹网霜前密，鱼梁潦后宽。

如何逢乱世，舍此欲求安？

注：本诗引自《高淳诗词楹联撷芳》，中国文联出版社，2008，第114页。

## 石臼湖

### ［明］胡蛟之

春半湖流浅，舟行早亦迟。

来初犹未到，归定是何期？

凤草新如沐，遥山澹若滋。

出门谁道好，悔却盛年时。

注：本诗引自高淳地方研究会会长魏云龙网络文章 http://www.xingaochun. com/thread-20156-1-1.html。

## 送邢孟贞还石臼

### ［明］顾梦游

月当分手夜，分外冷高秋。

虫响坐来歇，林风相与幽。

到家收晚稻，携子上湖舟。

莫恋衡门好，迟君上酒楼。

## 登平安山望石臼湖

### ［明清］周亮工

菱溪曲曲群山绕，出郭幽寻最上头。

无定松声千涧雨，半空岚影满湖秋。

人间颇有清凉地，我意真为汗漫游。

莫怯巉岩归欲速，老僧眠处尽平畴。

注：本诗引自《溧水古今（第22辑）：名家名人咏溧水》，溧水县政协学习文史委员会编著，2009。

## 早发石臼湖

### ［清］夏维

微风开锦浪，孤月一帆悬。

已自浑无际，何曾别有天。

明霞生极浦，短棹拂轻烟。

历历侵牛斗，天孙可近前。

注：本诗引自高淳地方研究会会长魏云龙网络文章 http://www.xingaochun.com/thread－20156－1－1.html。

品读这一首首诗歌，我们在领略文学之美的同时，更多的还是通过诗人们对石臼湖特有景色的描写，体会到他们截然不同的情愫和感受。

石臼湖不仅风景秀美，而且物产丰富，湖中所产鱼类甚多。"臼湖渔歌"是石臼湖不得不提的独特风光。千百年来沿湖居民以捕鱼为生，捕鱼者舟楫往来，日夕则歌声四起，响彻湖滨，湖光山色，相得益彰。"臼湖渔歌"的情景之妙，莫过于此。明代高淳诗人夏辑在《石臼湖渔歌》一首赞道：

## 石臼湖渔歌

[明] 夏 辑

一叶扁舟百里湖，烟波深处想婆娑。

轻风短棹斜阳处，几曲沧浪自在歌。

注：本诗引自高淳地方研究会会长魏云龙网络文章，http：// www. xingaochun. com/thread - 6558 - 1 - 1.html。

透过诗句，仿佛能看见风和日丽的石臼湖上，帆樯林立，船头接着船尾，能听见船舷上的敲打声、撒网声、鱼跃声、吆喝声此起彼伏，热闹非凡，直到日渐黄昏，渔人们各自撑着船、摇着橹、哼着小调，满载而归。清代诗人卢文昭也题诗《臼湖渔歌》一首叙述了石臼湖上渔民生活：

## 臼湖渔歌

[清] 卢文昭

湖光月色雨匀和，夜静风柔水不波。

万籁齐收声寂寂，一苇徐泛影婆娑。

凄清入听消尘想，断续中流起棹歌。

此景此情何处有，可无官赞写渔蓑。

注：本诗引自 2017 年《大美中国·精彩溧水》中国书画名家邀请赛书画展作品。

清代文人严肇万将渔民们忙碌而又平凡的一天写得更加直白："非关贷利垂香饵，却爱丝纶下钓船。芦笛一声渔唱也，元音谱旧小神仙。"(魏云龙，2014)渔人的工作是艰辛的，但在诗人们的笔下，似乎他们的日常生活也被描绘得诗情画意起来。

石臼湖渔歌唱晚景致让人恋恋不舍，然而由于污染和过度捕捞，往日千帆争流、渔歌唱晚的美景已经不复存在。曾经美丽富饶的石臼湖,以她宁静宽广的胸怀,带给人们丰厚的馈赠,如今夕阳下的石臼湖,有一丝无奈,也有一点落寞。唯愿通过科学的管理和合理开发利用,石臼湖生态环境能得到有效保护,还湖区一片山清水秀,造福子孙后代。

# 渐觉平湖烟雨凉
## 固城湖

（供图：邹伟）

固城湖位于南京市高淳区,因湖毗邻古"固城"而得名,也称小南湖。固城是南京地区最古老的城池之一,远在新石器时期,这里就有人类居住,朝墩头的遗址即证据。春秋时期,周景王四年(公元前541年)吴王余祭在濑水之滨建濑渚邑,筑固城。《民国高淳县志》记载:"此城是春秋时吴所筑。高一丈五尺,周七里三百三十步。子城:一里九十步。"由于固城土垣坚实,有"固若金汤"之称,故称"固城"。周景王十年(公元前535年),楚灵王伐吴,攻占固城。尔后楚平王以固城为行都,建造行宫,固城又称"楚王城",俗称"子罗城"。固城所在之地古为吴头楚尾,水陆要冲,是吴楚鏖兵的战略要地,古诗《古固城》就描绘了当时战事频繁的景象:

## 古固城

[宋]无名氏

战血淋漓洒固城,子胥当日复陵平。

千载血耻应无恨,何用涛声作怨声。

注:本诗引自《高淳诗词楹联撷芳》,中国文联出版社,2008,第101页。

固城湖伫立在历史悠久的古固城边,周围有花山、秀山、游子山、禅林山等群山环绕。古代志士来此凭吊,诗句往往都带有借山湖之景抒发忧国忧民之怀的意境。如南宋抗金名臣李曾伯的诗《固城湖边即事》以及著有《金佗粹编》为岳飞辩冤的南宋文学家岳珂的诗《晓过固城湖》即如此:

## 固城湖边即事

### ［宋］李曾伯

孤舟横岸水潺湲，野色天成一段闲。

十数牧儿黄犊侧，两三钓叟白鸥间。

丛丛烟树谁家市，浅浅云峦甚处山。

风定浪平归路稳，更无魂梦到萧关。

## 晓过固城湖

### ［宋］岳　珂

放船快度固城湖，十幅轻帆日未晡。

东望金陵千嶂远，南浮银瓙万舻趋。

歌声随地参吴楚，沮泽经春畏稗蒲。

却认棠矶寻钓艇，只怜无影浸康庐。

固城湖是古丹阳大泽缩小并分化成的几个独立的湖泊之一。据《嘉靖高淳县志》卷一《山川》记载：固城湖在"县西南五里，纵二十五里，横三十里，北通石臼、丹阳二湖，中流本县与当涂并宁国府宣城县为界"。每当汛期，大水一片汪洋，三湖莫辨。嘉靖三十五年(公元 1556 年)在上坝东十里又加筑下坝，因上、下两坝皆位于高淳县东，统称"东坝"，东坝的修筑使固城湖水系改变，直接导致其部分出入湖河道的变化，如原来固城湖水主要通过胥溪河向东流入太湖，现在主要通过官溪河向西流入长江。固城湖重归长江水系后，水位迅速回升、湖面扩张，原来在东坝未建前兴建的大量湖底圩田顿成泽国，良田沃土沉没水下，"滨湖圩田半为蛟龙之宅，浸淹良田四十万余亩"，高淳县当地有"固城湖底一条街"的传说，似乎也说明是后来水位上升，重新淹没成湖。

固城湖不仅文化底蕴深厚，而且因风景秀美名扬天下。历代文人墨客凭吊固城、游览固城湖,可谓络绎不绝,留下了许多名篇佳作。宋代学者阳枋、曾任元朝庐州知府的"三湖居士"王钧容,专就固城湖湖景题组诗进行盛赞:

## 固城湖三首

### [宋] 阳　枋

溪平岸阔柳侵沙,泼泼游鳞弄月华。
柔橹数声深夜悄,渔人相唤隔芦葭。

掌似平芜远际空,湾湾曲曲水相通。
芦汀蓼渚新秋里,一段浓蓝一段红。

有户尽开杨影底,无轩不在水光中。
浓蓝染就秋空碧,只欠斜飞几点鸿。

## 固城湖四首

### [元] 王钧容

春来杨柳绿盈堤,一望湖天烟树迷。
几度问津寻钓客,落花飞处片帆低。

乳鸭初飞湖水平,菰蒲分绿上楹庭。
荷钱遍买烟波趣,不系渔航伴月明。

满湖红袄采莲归,绝浦初看独雁飞。
落景凉飔孤棹急,莫叫新露点秋衣。

衰柳啼鸟月冷时,黄芦落雁折霜枝。
冰寒湖静空收钓,欸乃长歌归独迟。

注:本诗引自《金陵诗征》(复印本),茂记萃古山房书庄,1868。

172

这些诗采用大量的笔墨叙景,从不同角度描绘了固城湖湖面辽阔,湖水清澈,碧波荡漾,湖岸风光旖旎的胜景。明清时期,更是涌现了大量吟诵固城湖的诗篇:

## 固城湖放歌

[明] 姚希孟

固城湖水净于蓝,舴艋风帆带晓岚。

囚服凭谁开铁锁,挈壶且自赴春婪。

蓼花芦叶诗堪写,翠屿苍洲趣所耽。

惭愧四年尘点涴,漫将吾足濯清潭。

注:本诗引自《高淳诗词楹联撷芳》,中国文联出版社,2008,第102页。

## 南湖新涨引

[明] 邢 昉

细雨漫空夹桃李,飞入南湖作湖水。

浪头汹涌一丈高,大船小船如漂毛。

入浦乱流新浩浩,其间一半生芳草。

短舟荡出清浅洼,其间一半浮落花。

前日湖干空太息,眼边不见一寸鲫。

于今上巳雨绵绵,鲤鱼出水呈芳鲜。

闻有文书昨至县,加派新粮昨逋欠。

湖中渔人无是非,莫浪矜夸鲤鱼肥。

注:本诗引自《石臼集》前集卷三。

## 渡固城湖

〔明〕韩无疾

清和湖上渡,不渡几经秋。

藻荇恬阴浪,菰芦夺险流。

城墟楚庙在,地僻汉碑留。

一抹遥山翠,烟岚望里收。

注:本诗引自高淳地方研究会会长魏云龙博客网站 http：// blog. sina. com/ u/3088465202。

## 濑渚是吴疆

〔明〕邢继鲲

湖天一望水汤汤,白骨僵然古战场。

若是平陵终楚灭,谁知濑渚是吴疆。

英风千载波成岳,剑血三秋树染霜。

底事看来浑梦里,漫移小艇问壶浆。

注:本诗引自《高淳诗词楹联撷芳》,中国文联出版社,2008,第 102 页。

## 秋日浮固城湖

〔明〕韩仲雍

幽意竟无着,南湖来看山。

浪花双桨扑,圻树半帆殷。

口气亲鱼鸟,晴晖驻鬓颜。

千年吴楚恨,相对一尊间。

注:本诗引自高淳地方研究会会长魏云龙博客网站 http：// blog. sina. com/ u/3088465202。

## 月夜泛固城湖

### ［清］吴越彦

几度扁舟泛固城，探奇载月喜偕行。

波光不定蟾蜍影，秋气难听芦荻声。

吴楚战争余固垒，君臣怨毒倒施行。

茫茫何处容归棹，极目空多吊古情。

注：本诗引自《高淳诗词楹联撷芳》，中国文联出版社，2008，第106页。

## 同韩日间泛固城湖

### ［清］夏赋臣

日落秋林出晚容，扁舟湖上故人同。

汀花带雨萦渔棹，山叶吟风和寺钟。

隔坼峰阴远树里，一天暝色乱云中。

采蕨故地今犹在，肯使空孤高士踪？

注：本诗引自高淳地方研究会会长魏云龙博客网站 http：// blog. sina. com. cn/ u/3088465202。

诗词之间，更为固城湖的景色增添了丰富的内涵。不过固城湖美景中最有特色、最受人推崇的当数那湖上凄迷婉转的蒙蒙烟雨，"渐觉平湖烟雨凉"应是固城湖雨景最完美的写照。每当细雨霏霏、烟横湖面，固城湖就显得浩渺一片，湖畔似雪的芦花因为细雨淋湿而无法绽放，夜晚莲荷的清香仿佛借着湖面上的渔火幽幽飘来，令人不禁唏嘘那些过往。自古以来咏诵"固城烟雨"的名篇数不胜数，如顿锐、邢珆、李斯佺等古代名士都有专门歌咏"固城烟雨"的诗篇传世：

## 固城烟雨

### ［明］邢 瑁

漫漫细雨浑如秋，不数蜃氛海畔楼。

吴月满轮都寂寞，楚云无树不淹留。

横迷沙渚湖光敛，远抹林皋黛色收。

吹笛船头人不见，数声嘹亮隔沧州。

注：本诗引自《高淳诗词楹联撷芳》，中国文联出版社，2008，第107页。

## 固城烟雨

### ［明］顿 锐

暗云寒雨晚冥冥，湖上春阴失远灯。

浩渺拍堤孤浪白，微茫隔岸数峰青。

别船渔火遥堪望，何处鸣榔近渐听。

疑是洞庭秋色里，欲将瑶瑟吊湘灵。

注：本诗引自《高淳诗词楹联撷芳》，中国文联出版社，2008，第103页。

## 固城烟雨

### ［清］李斯伦

城南秋水正苍湛，渐觉平湖烟雨凉。

雨洗空林人不见，烟迷古渡雁初翔。

寺钟暗带芦花湿，舟火红沾荇藻香。

欲向空蒙歌一曲，恍疑身在洞庭旁。

注：本诗引自《高淳县志》，方志出版社，2010。

李斯伦说："欲向空蒙歌一曲，恍疑身在洞庭旁。"明代知县顿锐也曾说:"疑是洞庭秋色里,欲将瑶瑟吊湘灵。"两人一起都将固城湖比作"八月湖水平,涵虚混太清"的八百里洞庭湖,可见当时固城湖的水面相当开阔。

由于历代围垦,目前固城湖湖面已缩小到 30.9 平方千米,现今湖的形态大致呈三角形,北宽南窄,仅存于高淳境内。虽然固城湖水域面积较之从前大为缩小,但朦胧缥缈的"固城烟雨"风景依然,可观可赏,为现存"高淳八景"之一。

伫立在古固城边的固城湖,默默地见证着世纪风云、朝代更迭并毫无保留地滋养着一代又一代的湖区居民,兴衰荣辱都已成过往烟云。如今的固城湖是江苏省饮用水水质最好的天然湖泊,唯将这一湖清水留存并影响至今。

# 石城湖上美人居
## 莫愁湖

莫愁湖,地处南京城西南,坐落于闹市区之中,旧有"金陵第一名胜"的美誉。莫愁湖呈三角形,水域面积 0.33 平方千米,是城区内仅次于玄武湖的第二大水面。湖畔亭台楼阁错落有致,杨柳垂岸,风景别致,同时又倚借莫愁女的传说,该湖的名声颇为地方百姓所熟知。

莫愁湖与莫愁女确实有着千丝万缕的联系。莫愁女的传说在历史上主要有三个版本,分别是石城(今湖北钟祥)莫愁、洛阳(今河南洛阳)莫愁和金陵(今江苏南京)莫愁(胡箫白,2014),其中石城莫愁就是金陵莫愁的前身。南朝元嘉年间有《莫愁乐》曲云:

## 莫愁乐

[南朝·宋] 佚　名

莫愁在何处,莫愁石城西。

艇子打两桨,催送莫愁来。

注:本诗引自《古今山水名胜诗词辞典》,陕西人民出版社,1991,第 285 页。

《后汉书》和《旧唐书·乐志》均称:"莫愁乐者出于石城乐,石城有女子名莫愁,善歌谣,石城乐和中复有'忘愁'声,因有此歌。"(周兆锐,1983)这《石城乐》就是南朝时期传唱的古乐府民歌"生长石城下,开窗对城楼。城中诸少年,出入见依投。……"其讲述了战国末期楚国的歌舞姬女莫愁传奇的一生及凄美的情感故事。隋唐时期有大量的诗人、文学家借莫愁女的典故吟诗作赋,如元稹、蒋吉、李商隐等:

## 石城莫愁女

[唐] 元 稹

石城湖上美人居，花月笙歌春恨余。

独自楼台对公子，晚风秋水落芙蕖。

注：本诗引自《荆门日报》2013年12月8日人文02版。

## 石 城

[唐] 蒋 吉

系缆石城下，恣吟怀暂开。

江人桡艇子，将谓莫愁来。

## 莫 愁

[唐] 李商隐

雪中梅下与谁期，梅雪相兼一万枝。

若是石城无艇子，莫愁还自有愁时。

这些诗中的莫愁皆指湖北石城莫愁，直到宋朝，金陵方志中都未曾出现过"莫愁湖"相关记载。首次有历史文献考证的是北宋著名词人周邦彦的《西河·大石金陵》中提及"断崖树，犹倒倚。莫愁艇子曾系"，才将金陵和莫愁联系在一起。无巧不成书的是，金陵在历史上也有"石城"之称，这里作者是无意还是故意将彼石城与此石城混淆，也就不得而知了。不论如何，这一次历史上的误会成为南京莫愁湖得名的必要条件，所以说石城莫愁是金陵莫愁的前身。

到明正德十五年(公元1520年)，出版的《正德江宁县志》在第二卷中明确记载了"莫愁湖"，并简介为"在县西京城三山门(今南京水西门)外。莫愁卢氏妓，时湖属其家，因名"，显然是承认了莫愁湖名称由来和莫愁女故事传说的关系(胡箫白,2014)。

明朝定都南京后,莫愁湖更是达到了鼎盛时期。尤其是明中叶以后,传奇的创作和演出盛况空前,成为中国戏曲史上继元杂剧之后的又一个戏曲繁荣时期。有着动人传说,风光妩媚的莫愁湖自然而然成为当时戏曲家、诗人争相咏唱的对象。如明代戏曲理论家何良俊、黄姬水所著吊古词:

## 金陵吊古八首(其一)

### [明] 何良俊

周处台前草长,莫愁湖上云深。

不惜英雄代谢,独怜红粉消沉。

## 金陵古意八首(其一)

### [明] 黄姬水

吴姬整钏安钗梁,共道采花胜采桑。

迷子洲边惊翡翠,莫愁湖里逐鸳鸯。

又如明代诗人潘之恒、王懋明、吴兆、徐勃等都在莫愁湖留下了珍贵的诗篇:

## 西陵逢杨五

### [明] 潘之恒

一番秋色落蘼芜,莲子香残更技蒲。

击楫似邀桃叶渡,看花空忆莫愁湖。

凄凉古堞悲遗事,寂寞荒园问旧垆。

怪杀钱塘城外柳,夜来栖尽白门乌。

## 春日怀金陵旧游六首（其一）

〔明〕王懋明

去年修禊日，曾往莫愁湖。

心醉欢娱地，春随歌咏徒。

风花香不断，烟柳弱难扶。

一别无由到，空悲岁月徂。

## 旅次书怀

〔明〕吴　兆

几年不种渐溪田，觉我疏慵更胜前。

嵇阮岂须经世策，巢由何用买山钱。

莫愁湖上春携酒，长乐桥边月泛船。

惟有古怀消不得，台城衰柳白门烟。

## 送林吾宗之金陵

〔明〕徐　勃

青丝游骑踏春芜，二月王孙入旧都。

柳色东风村店路，杏花微雨酒家垆。

断桥野草寻朱雀，古碣荒苔辨赤乌。

挟得红妆歌《子夜》，寒潮双桨莫愁湖。

　　莫愁湖并非天生丽质，她形成于长江西移后遗留的蓄水洼地。长江南京段为西南至北东走向，由于江的南岸是宁镇山脉，北岸为缓坡丘陵，沿江平原狭窄，北岸坍塌严重，便在南岸形成淤积，迫使江水西移（吴福林，2010）。江水西移后，城西成陆地，形成若干沙洲，沙洲在不断发育过程中形成了许多大小不等的湖沼或水塘，其中一个最大的就是"莫愁湖"，较小的有乌龙潭、南湖等，但都仅仅是天然水洼，也并未成名记载。直到明朝年间，莫愁湖开始进行大规模开发建设，沿湖畔筑楼台十余座，并广植名花异卉，亭台水榭相互映衬，热闹非凡，被誉为"金陵第一名胜"、"第一名湖"。明亡后，莫愁湖一度衰败，楼阁倾颓、厅榭坍塌。

清乾隆年间，江宁知府李尧栋自捐俸银复建郁金堂、苏合厢，辟建湖心亭，遂楼台间、湖沼畔，杂植花柳，莫愁湖才又恢复了昔日的盛况。清代著名画家郑板桥在《念奴娇·莫愁湖》一词中赞其景曰："即今湖柳如烟，湖云似梦，湖浪浓于酒。"多年后他回忆起莫愁湖的景色，仍留恋不已，有诗：

### 追忆莫愁湖纳凉

[清] 郑 燮

江上名湖号莫愁，纳凉先报楚江秋。

风从绿若梢头响，云向青山缺处流。

尚忆罗襟沾竹露，可堪清梦隔沙鸥。

遥怜新月黄昏后，团扇佳人正倚楼。

注：本诗引自《郑板桥集》，山西古籍出版社，2008，第18页。

清代文坛领袖袁枚也在其组诗《和松云太守莫愁湖诗二十首》的最后一首中对莫愁湖景进行盛赞：

### 和松云太守莫愁湖诗二十首（其一）

[清] 袁 枚

欲将西子莫愁比，难向烟波判是非。

但觉西湖输一着，江帆云外拍天飞。

注：本诗引自袁枚诗卷（局部）展稿。

袁枚祖籍杭州，后在南京履官，离休后住在南京随园，离莫愁湖不远。他将金陵莫愁湖与杭州西湖相媲美，认为老家的西湖比起莫愁湖却是"输一着",因为莫愁湖的妙处在于能看到长江上的帆船在天际飞航,江景与湖景浑然天成。

如今的莫愁湖已远离长江5千米,周围高楼林立,临湖望江显然已是不可能了,但莫愁女的传说仍然深为大众熟知乐道。莫愁湖美离不开哀婉动人的莫愁女传说,慕名而来的游客们来南京一定会到莫愁湖公园游赏一番,瞻望那静静伫立在青池碧水中的莫愁女塑像,"石城湖上美人居"也至此定格,美人永居石城湖畔不再漂泊,年复一年,她都在那儿脉脉含情地向人们诉说着尘世间仍然不断上演的离合悲欢的故事。

# 西到微山尽处湖
## 微山湖

（供图·邹伟）

记忆中,大多人知道微山湖是从一首歌开始的:"西边的太阳就要落山了,微山湖上静悄悄,弹起我心爱的土琵琶,唱起那动人的歌谣……"一支抗日歌谣将静悄悄的微山湖唱得热闹非凡。微山湖,位于中国山东省微山县南部,北与昭阳湖、独山湖和南阳湖首尾相连,水路沟通,合称南四湖,即广义上的微山湖,面积达 1 200 平方千米,是山东省最大的淡水湖泊。微山湖呈西北—东南走向,北通黄河、南接淮河,扼守鲁、苏、豫、皖四省结点,著名的京杭大运河穿湖而过,并接纳周边 40 多条河流汇水,为众水汇流之所。

　　微山湖历史悠久,据说它得名于殷商微子。微子即殷纣王的同母庶兄,微是他的初封地,子是他的封爵,故称微子,死后葬于其封地宋国的一座小山上,百姓称之为微子山或微山(即今微山岛),成湖之后便名微山湖(李木生,2000)。微山湖区原属于黄淮流域一片广袤肥沃的平原,唐代以前古泗水流经于此百余公里,据《隋史·薛胄传》记载:"兖州城东沂(即小沂河)、泗二水合而南流,泛滥大泽中。"可见在济宁以南,古泗水东岸的兖州以下,因境内地势低洼已经形成了一片沼泽湖泊。随着历代政治中心北移,金、元、明、清四朝建都北京,为"漕运江淮以供京师之需",从元代开始沟通南北运河,而微山湖的形成与其息息相关。

　　其中,最早见于史料记载的是昭阳湖,"昭阳湖在漕河之东北,四围高阜"具备良好的潴水条件。明嘉靖年间,黄河泛滥频繁,位于运河东岸的昭阳湖屡受溢水之灾(韩昭庆,2000),湖面宽阔时湖周达"一百八十里"。

昭阳湖风景优美，一池碧水流淌在峄山、凫山之间，群山环抱，青翠苍莽，湖西堤岸曲折有致，鸢飞鱼跃，风光无限，被时人誉为"沛县八景"之一。清代官员潘守廉《咏对凫山庄景》就描绘了湖光山色的佳景：

## 咏对凫山庄景（其一）

〔清〕潘守廉

西到微山尽处湖，群峰泛泛水中浮。

晚来化作云千叠，飞上青天异彩铺。

注：本诗引自《对凫缘景》，潘守廉撰，民国二十三年（1934）铅印本。

此外，清代大学者郝质季关于昭阳湖还有一段精彩的描写："未儿，日暮，返棹而归。放舟芙渠丛里，一望无极。梃梃者，如夷光出浣丽华晓妆，嫣然有态；偃偃者，如新妇得配，倦而忘起。而风吹英落，又如娥脱遗，上结太虚之舍，下临元冥之宫……"（选自其乾隆年间所著《博物类编》）。比喻奇妙，令人遐想不已。后来，清人王士祯的《邵阳湖》、王初桐的《晚步邵阳湖上》等诗作都堪称咏诵湖景的佳作，其中最有名的当属清代诗人赵执信的组诗《昭阳湖行书所见》，全诗如下：

## 昭阳湖行书所见

〔清〕赵执信

湖上人家无赖秋，门前水长看鱼游。

当窗莫晾西风网，时有行人来缆舟。

白波如沸浸沟塍，禾黍菰芦互作层。

棹入青苍前路夕，半规秋月起鱼罾。

屋角参差漏晚晖，黄头闲缉绿蓑衣。

倦来枕石无人唤，鹅鸭如云解自归。

微子山头隐晓霞，湿云浓压峭帆斜。

回风忽皱平湖水，雨立船舷看浪花。

黄河肆虐导致运河淤塞水浅，明代前期，以高于运河水位的昭阳湖水源济运。明嘉靖年间，黄河又于萧县大决口，洪水闯入昭阳湖，使运道毁坏，遂开南阳新河，又称夏镇新河，将运道移至昭阳湖之东高地，新河全长141里，于1567年5月修成（《明史·河渠志·黄河上》）。此项工程暂时解决了运道被冲淤的问题，也得到了当朝的广泛认可，明代著名文学家李攀龙专程题诗《上朱大司空》进行赞颂：

## 上朱大司空

### ［明］李攀龙

河堤使者大司空，兼领中丞节制同。

转饷千年军国壮，朝宗万里帝图雄。

春流无恙桃花水，秋色依然瓠子宫。

太史但裁沟洫志，丈人何减汉臣风。

新河修筑成功后，滕（今滕州）、邹（今邹城）二县山水被阻隔在新运河以东而无法穿运入湖，滞蓄在新运河东岸的独山脚下洼地，形成了独山湖。独山湖的景色也是别具韵味，万顷红荷，百里芦荡，鸥鹭翔集，碧水白帆，生机盎然。清鱼台知县冯振鸿曾作诗《独山春涨》描绘了独山湖的秀丽春色：

## 独山春涨

### ［清］冯振鸿

陡觉兹山异，当湖淼蜿蜒。

平临唯积水，横障有朝烟。

春入风兼雨，帆开浪接天。

桃花初涨后，正好放轻船。

注：本诗引自光绪《鱼台县志》卷四《艺文志》。

南阳湖的出现大致在乾隆初年，据乾隆《鱼台县志》记载："南阳湖，在县东北五十里，牛头河、新开河二水之所汇也。"（韩昭庆，2000）明末清初，南四湖中的南阳湖与独山湖共指一湖，统称独山湖。《明史》中记载："闸漕者……又南曰马场。又南八十里曰南阳，亦曰独山，周七十余里。"不论古代是由于湖区边界不清统称也好，还是记载的谬误也罢，如今南阳湖与独山湖是作为两个相对独立的湖体存在的。南阳湖在丰水期时河湖一片，浩瀚辽阔，清代大学士陈廷敬也在其《鱼台东境山水》一诗中赞誉了南阳湖碧波万顷的湖景：

## 鱼台东境山水

### ［清］陈廷敬

好山过客不知名，好水图经不入选。

我行鱼台山水间，轻绡半幅平如剪。

连峰依人行欲近，翠岭横天去复远。

山青水绿画新就，道人宴坐却掩卷。

东行若更见麻姑，不问蓬莱水深浅。

继昭阳湖和独山湖形成后，黄河仍然不断肆虐，运道出路受阻，使昭阳、独山持续扩大，在微山附近出现了赤山、微山、吕孟、张庄等相连的小湖（胡金星和李静，1989）。明万历年间，大开洳河（今韩庄运河），运河再次东移，原在旧运河东岸的这些小湖改于新运河西，成为上承南阳、昭阳两湖蓄积各河来水的总汇。而排水出路不畅，洪水无法宣泄，水位抬高，致使赤山、微山、吕孟、张庄四湖湖面迅速扩大，合为微山湖（韩昭庆，2000）。清代漕运使张大有在其优美的组诗《泛湖登微山》中，赞誉微山湖为"人间第一湖"：

## 泛湖登微山

[清] 张大有

躬送千帆去，水间一叶浮。
水花香满棹，风燕语随舟。
霞彩飞湖底，云阴下树头。
问津时已暮，灯火住沙洲。

晓入湖山路，山村水四围。
人家犹上古，景物亦忘机。
白马思青冢，赤松留翠微。
那知千载后，仰止挹清晖。

振步孤峰上，旷然天地间。
松风来碧落，清气豁尘颜。
绿满澄澄水，青围远远山。
归途余翠霭，禾黍意俱闲。

舟回山后路，斜日照菰蒲。
近岸虽清浅，遥天总画图。
渊渟回鲁甸，职贡达尧都。
好续河渠志，人间第一湖。

注：本诗引自《枣庄运河文化·枣庄诗选卷》，青岛出版社，2006，第189页。

全诗对微山湖境内湖光、山色、岛屿、森林、芦苇荡等丰富的自然景观和优美的环境进行了全面细致地描绘。泛舟湖上，游目骋怀，岚影沉浮，多姿多彩，风情万种。此外，微山湖上的万顷荷花也是绝佳一景，每年七、八月份,湖中荷花连片盛开,有"黄山归来不看岳,微山归来不赏荷"之美誉(张军,2009)。满湖荷花香,犹如一幅美丽的水墨画,向世人展示着微山湖绝美的风光。清人胡翼廷、黄兰森都专有诗作描绘湖上万顷荷田的壮观景色:

## 过微山湖口占二绝(其一)

[清] 胡翼廷

万顷荷花红照水,千丛莲叶碧连天。

轻舟直到中央泊,杯酒临风便欲仙。

注:本诗引自《彭城晚报》2017年8月25日,A10版。

## 纳凉微湖新月初上

[清] 黄兰森

不须河朔饮,直坐晚凉中。

庭贮秦钩影,荷明和壁红。

乍来窥玉簟,时复湛长空。

宜待澄晖满,轻歌柳浪风。

注:本诗引自《古滕十进士诗文选注》,善国文化研究会(在编)。

至此,经历了黄河泛滥、运河的改道、洼地滞水的南四湖已形成。微山湖形成后,上承南阳、昭阳、独山湖的湖水,也为运河泄水和黄水泛流之所,很快就汇积成一大湖,通过湖口闸、滚坝、伊家河及蔺家山坝等与运河联系,并成为清中后期重要的储水库(韩昭庆,2000)。

近代,微山湖还是著名的铁道游击队的战斗场地之一。1941年秋,微山湖游击队正式成立后,配合活跃在微山湖地区的兄弟部队——铁道游击队、运河支队、湖上区中队等抗日武装,坚持湖区斗争,发挥了重大作用。1943年12月,陈毅元帅经湖上交通线过微山湖去延安时在微山湖留下豪迈诗篇《过微山湖》:

# 过微山湖

陈　毅

横越江淮七百里,微山湖色慰征途。

鲁南峰影嵯峨甚,残月扁舟入画图。

　　徜徉在齐鲁大地上的微山湖是美丽而富饶的,是英雄而多情的。黄河决口之水的浇灌,让它充满了恣肆不羁的奔放;来自众水汇聚的重生,使它有了海纳百川的宽厚;纵贯全湖的京杭大运河,又令它有了融会贯通的勇气和活力。

　　微山湖既是一轴画卷,更是一部史诗,谱写着历史与现代,传统与革新,现实与未来的史诗。在这部人与自然谱写的诗章里,微山湖从历史中走来,从传统中走来,正以崭新的姿态,走向新的未来。

# 一城山色半城湖

## 大明湖

（供图：饶星星）

山东省会济南风景优美，尤以泉水著称，有"泉城"之美誉。城内珍珠泉、濯缨泉、芙蓉泉、王府池等诸泉的泉水汇流成湖，形成了今天风光旖旎的大明湖。大明湖，位于济南市中心北部，面积 46.5 公顷，是一个典型的城市湖泊，与趵突泉、千佛山并称济南三大名胜（刘美芹，1995）。

大明湖久负盛名，早在北魏年间就有记载，距今已有 1400 多年历史，历代又名"历下坡"、"历水陂"、"莲子湖"、"西湖"、"北湖"等，至金朝文学家元好问《济南行记》中称"大明湖"，从此沿袭该名称（吕砚，2009）。大明湖水色澄碧，堤柳夹岸，夏日湖畔赏荷，满目翠红，秋日湖光潋滟，色彩浓郁，如诗如画，引人吟诵。元好问所著《临江仙·荷叶荷花何处好》一词中便描绘道："荷叶荷花何处好？大明湖上新秋。红妆翠盖木兰舟。江山如画里，人物更风流。……"大明湖自古遍生荷莲，这也许就是它又被称为"莲子湖"的原因了。

大明湖的形成原因与济南的水文地质条件息息相关。济南处在石灰岩和岩浆岩这两种不同岩性的构造接触带上，石灰岩层内大小溶洞和裂隙很多利于透水，而岩浆岩致密不透水。济南南面有绵延的小群山，如佛山等都是由厚层的石灰岩构成。岩层略向北倾，当山地降水渗入地下，积蓄在其中，积蓄的水多了就顺着倾斜的岩层和裂隙向北流动，遇到了组成北面丘陵的岩浆岩的阻挡，便停滞下来，成为承压水，在上面地层薄弱的部分冒出地面，成为大大小小的涌泉。据 1949 年后实地调查，仅在济南市区就有天然泉水 108 处，有如此有利的泉水形成和出露条件，所以济南自古"齐多甘泉，甲于天下"。而大明湖所在地正是济南北部最低洼处，众泉汇聚,所以成为湖泊,湖水源主要靠南侧山麓的泉水补给。以前济南名泉如趵突泉、黑虎泉、珍珠泉、五龙潭四大泉群的水或直接或间接汇入湖中,如今这些泉水大多数已经不再补给大明湖,仅有珍珠泉、芙蓉泉、濯缨泉、王府池诸泉仍注入湖内,湖水经东北隅汇波门流出,汇合护城河水,流入北面的小清河,注入渤海。

大明湖在历史上变化很大。魏晋时期,大明湖(时称历水陂)位于济南历下古城外郭城北。起初大明湖范围很大,南至濯缨泉,北通鹊山湖,唐人的诗文中提及历水陂的非常少,倒是与大明湖相通的鹊山湖多见于诗作中,如唐代著名诗人李白的《陪从祖济南太守泛鹊山湖三首》便对湖景有这样的描述:

## 陪从祖济南太守泛鹊山湖三首

### ［唐］李　白

初谓鹊山近,宁知湖水遥。

此行殊访戴,自可缓归桡。

湖阔数十里,湖光摇碧山。

湖西正有月,独送李膺还。

水入北湖去,舟从南浦回。

遥看鹊山转,却似送人来。

遗憾的是鹊山湖在南宋时期"惨遭大难",投降金国的伪齐王刘豫开凿小清河,小清河虽然成为济南重要的交通水道,但鹊山湖的水也被小清河源源不断地导走,到清代仅剩下与大明湖相连的"十里鹊湖"了。于是,清人徐子威在《鹊山湖怀古》一诗里,发出了"瘦牛耕废堰,境僻松风长。鹊湖余古迹,秋色晚苍茫"的感慨。

北宋以后,由于人类活动频繁,生态有所恶化,大明湖已逐渐堰塞,历水陂东面的水域淤漫成湖,据记载此时也是大明湖水患最为严重的时期。

时任齐州知州的北宋文学家曾巩,整治济南水患,对大明湖大加修缮,并基本确定了今天大明湖的水域范围。整治后的大明湖风光无限,盛名远播,成为游览胜地,时称西湖。曾巩专门题诗《西湖二首》称颂当时的湖光山色:

## 西湖二首（其一）

### ［宋］曾 巩

左符千里走东方,喜有西湖六月凉。

塞上马归终反覆,泰山鸱饱正飞扬。

懒宜鱼鸟心常静,老觉诗书味更长。

行到平桥初见日,满川风露紫荷香。

当时湖上筑有北渚亭、环波亭、北水香亭等亭榭,湖中有百花堤和百花、鹊华、芙蓉等七座桥梁,亭台楼阁、曲径回廊,颇具趣味,于是"百花台"、"七桥风月"等成为宋以来文人学士乐于描绘吟咏的题材。其中,曾巩的《百花台》一诗最负盛名,描写了诗人挟全家与友人登舟采莲,于清风明月间泛舟湖上,把酒临风,品荷赏月的风雅情志:

## 百花台

### ［宋］曾 巩

烟波与客同尊酒,风月全家上采舟。

莫问台前花远近,试看何以武陵游。

曾巩在离任齐州后,仍对大明湖的山水风物恋恋不舍,所著《离齐州后五首》等诗流露出了诗人对七桥风月的魂牵梦萦和回味无穷:

## 离齐州后五首（其一）

### ［宋］曾 巩

将家须向习池游,难放西湖十顷秋。

从此七桥风与月,梦魂长到木兰舟。

北宋文学家、有"唐宋八大家"之称的苏辙,在齐州三年也留下了大量的优秀诗文,其中写大明湖的《环波亭》尤属佳作,一首诗把大明湖的旖旎风光和沁人心脾的闲适清凉描绘得淋漓尽致:

## 环波亭

[宋] 苏 辙

凫鹭聚散湖光净,鱼鳖浮沉瓦影凉。

清境不知三伏热,病身唯要一藤床。

对大明湖山水描绘最直观的要数元代大书画家赵孟頫绘制的千古名作《鹊华秋色图》,这一表现济南山水的传神大作流传至今,保存在台湾"故宫博物院",让我们有幸能目睹诗词中湖山美景的芳容。元人赵孟頫不仅能书善画,他所著《趵突泉诗》也非常精彩,传神地描写了大明湖南侧的趵突泉上雾霭氤氲,云蒸霞蔚,水光四射,华彩斑斓,时而泉水流溢,涌入大明湖中,激起波涛阵阵,声至九霄的壮观景象:

## 趵突泉诗

[元] 赵孟頫

泺水发源天下无,平地涌出白玉壶。

谷虚久恐元气泄,岁旱不愁东海枯。

云雾润蒸华不注,波涛声震大明湖。

时来泉水濯尘土,冰雪满怀清与孤。

此外,元代还有张养浩《大明湖泛舟》、元好问《泛舟大明湖》、张之翰《木兰花慢(同济南府学诸公泛大明湖)》等不少诗词描绘大明湖的景色。

明代时重修城墙,大明湖遂已具今日形貌。大明湖作为城中胜景,

自是少不了文人墨客造访游览,如苏濂、边贡等都留下了游湖赏景抒情之作:

### 游大明湖

〔明〕苏　濂

风物湖中好,家家白板扉。

浮云去水近,返照入林微。

潮落渔矶浅,江寒雁影稀。

晚来砧韵起,是处捣征衣。

### 七月四日泛湖次暮春佛寺韵

〔明〕边　贡

湖上扁舟寺里登,水云如浪白层层。

横桥积雨斜仍断,卧石临溪净可凭。

却过竹林忘问主,欲寻莲社恨无僧。

酒酣更向城南眺,落日满山烟翠凝。

大明湖自古种荷植柳,花木扶疏。湖中的荷花,一枝枝,一瓣瓣,满目红翠,沁人心脾;湖畔的杨柳,或清风抚岸,或垂柳弄荷,各具风姿,仪态万千。经过历代清淤整治,大明湖到清代已是"四面荷花三面柳,一城山色半城湖"。这句诗为清代名士刘凤诰游大明湖所著,也被后人认为是大明湖风景的最好写照。诗句由清代书法家铁保题写,如今已成为大明湖铁公祠的楹联。大明湖畔人杰地灵,如久居大明湖的清代文学家蒲松龄也留下了多首称赞大明湖的诗章,其中以《暮春泛大明湖》为最:

# 暮春泛大明湖（其一）

[清] 蒲松龄

春暮明湖烟树赊，扁舟如叶荡轻沙。

斜阳侵水分流影，远岫拂晴带晚霞。

兴欲豪时开楚调，路逢歧处问渔家。

几星灯火催暝色，明月横桥映岸花。

注：本诗引自《古今山水名胜诗词辞典》，陕西人民出版社，1991，第888页。

---

大明湖以它的秀美风姿赢得了古往今来众多人士的咏赞篇章。据不完全统计，从宋到清朝间关于大明湖的诗词多达数百余首，它的春夏秋冬，它的一花一木都令人心驰神往，所谓"冬泛冰天，夏挹荷浪，秋容芦雪，春色杨烟，鼓枻其中，如游香国"。可见，诗中所言"一城山色半城湖"并非虚夸，大明湖成就了济南城一半的美。

今天，大明湖静静地流淌在济南城中，它兼具自然景致和人文内涵，底蕴深厚，历久弥新。大明湖宛如一颗明珠，装点着古老而繁华的济南老城。当代作家徐北文教授称之为"历史的湖、诗歌的湖以及艺术的湖"，这个对一个湖极高的赞誉，对于大明湖而言却也是实至名归了。

# 峰峦成岛屿
## 千岛湖

（供图：笪文怡）

千岛湖,位于浙江省淳安县境内,是一个大型的人工湖泊。千岛湖湖泊水质极佳,在中国大江大湖中居首,为国家一级水体,不经任何处理即达饮用水标准,被誉为"天下第一秀水"。"农夫山泉,有点甜"是句耳熟能详的广告语,农夫山泉取水地点就在千岛湖。

千岛湖得名于 20 世纪 80 年代,之前称为"新安江水库"。根据《淳安县志》的记载,为恢复生产和发展国民经济,1955 年 10 月国家计划建设新安江水电站,选址淳安和建德交界的铜官,这是中国第一座自行设计、自制设备的水电站,新安江水库大坝设计高度 105 米,于 1957 年破土动工,1959 年 9 月水库建成并开始蓄水。巍巍大坝将新安江上游拦截成一个烟波浩渺的巨大的湖泊,连绵的崇山峻岭淹入湖中成为大小岛屿,共有 1 078 个,这里成为名副其实的千岛之湖。1984 年 12 月,浙江省地名委员会正式将新安江水库命名为"千岛湖"。

千岛湖波澜壮阔,正常水位下水域面积达 580 平方千米,比杭州西湖大 100 余倍,平均水深 34 米,蓄水量 178 亿立方米,相当于 3 184 个西湖。1963 年,一代文豪郭沫若老先生游览千岛湖后欣然赋诗"西子三千个,群山已失高,峰峦成岛屿,平地卷波涛"来赞叹千岛湖的宽阔壮观。

千岛湖是年轻的,但曾经奔流而下的新安江却有着悠长的历史。新安江发源于安徽徽州,经浙江淳安县,流至建德市,江水再往东流,经桐庐,流入富阳境内,称富春江。新安江在古代是一条连通杭州与徽州的黄金水道,当年出徽州陆路交通极其不便,徽商就是沿着这条水路外出营商,沿岸建有许多古色古香的水埠码头,水光山色,吸引了诸多文人硕儒,名篇佳作群集，人文古迹遍地。唐代著名的山水田园诗人孟浩然在行舟溯富春江而上经过七里滩（今称七里泷，位于浙江桐庐县以南）时，有诗云：

## 经七里滩

### ［唐］孟浩然

予奉垂堂诫，千金非所轻。

为多山水乐，频作泛舟行。

五岳追向子，三湘吊屈平。

湖经洞庭阔，江入新安清。

复闻严陵濑，乃在兹湍路。

叠障数百里，沿洄非一趣。

彩翠相氛氲，别流乱奔注。

钓矶平可坐，苔磴滑难步。

猿饮石下潭，鸟还日边树。

观奇恨来晚，倚棹惜将暮。

挥手弄潺湲，从兹洗尘虑。

诗中描绘了江水清澈，水流湍急，以及夹江两岸山谷苍翠，重峦叠嶂的秀美自然风光。诗人行舟途中夜宿建德，临江而望，发现早晚的景色截然不同，又作《宿建德江》一诗：

## 宿建德江

### ［唐］孟浩然

移舟泊烟渚，日暮客愁新。

野旷天低树，江清月近人。

这首诗是唐人五绝中的写景名篇。诗中的建德江是指新安江流经建德(今属浙江)西部的一段江水,诗人夜宿新安江畔,只见江上烟波飘渺,四周萧瑟,清淡如水墨画般的月夜江景将诗人泊舟闲眺的情致呈现眼前。

新安江如同一幅山水画卷,深渡自上游而下,两岸青山夹峙,形成江流峡谷。位于新安江上游的淳安城古称睦州,历史上曾有"千峰郡"之称(杨水明,1995),境内夹江两岸,群峰壁立,山路崎岖不平,水流湍急,整个州城面积狭长,普通百姓只能沿江临水而居。唐代台州刺史沈成福在《议移州治疏略》就有对当时情况的记载"江皋硗确,崎岖不平,展拓无地"(陈彬彬,2012),可见地势之险峻。唐代诗人李嘉祐、李频的两首回忆、送别诗有异曲同工之妙,都形象地描述了行船途经千峰郡,两岸重峦叠嶂,树木茂密成荫,猿声不停的奇秀自然景观:

## 入睦州分水路忆刘长卿

### [唐]李嘉祐

北阙忤明主,南方随白云。

沿洄滩草色,应接海鸥群。

建德潮已尽,新安江又分。

回看严子濑,朗咏谢安文。

雨过暮山碧,猿吟秋日曛。

吴洲不可到,刷鬓为思君。

## 送张郎中赴睦州

### [唐]李　频

青山复渌水,想入富春西。

夹岸清猿去,中流白日低。

美兼华省出,荣共故乡齐。

贱子遥攀送,归心逐马蹄。

到了下游，峰回水转，急流险滩陡又变为平波碧湖、河谷浅滩，山映江中，山青水碧。如此奇秀绝妙的景色，也为诸多文人墨客所著诗称颂：

## 严陵钓台，送李康成赴江东使

[唐] 刘长卿

潺湲子陵濑，仿佛如在目。

七里人已非，千年水空绿。

新安江上孤帆远，应逐枫林万余转。

古台落日共萧条，寒水无波更清浅。

台上渔竿不复持，却令猿鸟向人悲。

滩声山翠至今在，迟尔行舟晚泊时。

## 新安江上寄处士

[唐] 孟云卿

深潭与浅滩，万转出新安。

人远禽鱼静，山空水木寒。

啸起青蘋末，吟瞩白云端。

即事遂幽赏，何必挂儒冠。

## 新安江行

[唐] 章八元

江源南去永，野渡暂维梢。

古戍悬鱼网，空林露鸟巢。

雪晴山脊见，沙浅浪痕交。

自笑无媒者，逢人作解嘲。

此外，新安江的江水清澈也是有口皆碑。早在南北朝时期，就有记

载,学者沈约直接以"新安江水至清浅深见底"为题,赋诗纪胜:

## 新安江水至清浅深见底贻京邑游好

[南北朝] 沈 约

眷言访舟客,兹川信可珍。

洞澈随深浅,皎镜无冬春。

千仞写乔树,万丈见游鳞。

沧浪有时浊,清济涸无津。

岂若乘斯去,俯映石磷磷。

纷吾隔嚣滓,宁假濯衣巾?

愿以潺湲水,沾君缨上尘。

后来,唐代大诗人李白当年游历新安江后,清澈的江水在他心中始终挥之不去,在其诗《清溪行》中特地提到了新安江的水:

## 清溪行

[唐] 李 白

清溪清我心,水色异诸水。

借问新安江,见底何如此。

人行明镜中,鸟度屏风里。

向晚猩猩啼,空悲远游子。

新安江之水,不论深浅,都清澈见底;也不管春夏秋冬,都皎洁如镜。这主要因为它流经的地层主要由砂岩、页岩,也有鹅卵石等砾石构成,江水携带的泥沙少。有这么好的水源,千岛湖的水质当然是毋庸置疑了。

经过唐朝的发展,新安江流域的水运业开始繁忙,江上舟楫往来,热闹非凡:

## 下口渡

### ［宋］范成大

长山泷石片帆斜,小雨初晴目眩沙。

回首遥看富阳县,轻烟低照一丛花。

注:本诗选自《御选宋金元明四朝诗》第六十八卷。

## 富春至桐庐道中

### ［明］王世贞

扬舲溯流上,秋色竞纷纷。

翠荇波仍绣,丹枫壁自文。

路疑千岭尽,山为一江分。

夕照高低出,滩声远近闻。

薜衣过木客,椒酒问桐君。

欲叩幽栖意,峰峰多白云。

天然的资源优势,奇秀的山水风光,使得新安江流域富甲一方,一直繁华至今。清朝诗人许正绶的一句"灯光明驿路,帆影暗江流"就是对当时盛况的真实写照。

千岛湖诞生于"人间奇秀"的新安江,融浩荡的江湖气概、幽邃的峡谷风光和丰富的人文古迹于一体,虽由人造,景却浑然天成,它的秀姿丽色日益赢得人们的赞誉;也正是人类的伟大智慧,我们才得以目睹堪称奇观的千岛湖今貌。穿梭在湖上的千岛中,体会着唐代"万转出新安"的意境,既是诗,又是画,迷了古人,醉了今人。

# 归向陵阳钓鱼晚
## 皖南太平湖

（供图：邹伟）

太平湖地处安徽省黄山市黄山区西北部,位于黄山、九华山之间,是镶嵌在安徽省"两山一湖"黄金旅游线上的一颗璀璨的明珠,被誉为"江南翡翠"(陆林等,2015)。

太平湖是安徽最大的人工湖,面积 88 平方千米,最大蓄水量为 24 亿立方米,原名陈村水库,是苏联承诺援助中国修建的 100 个水利工程之一,与之同时修建的还有前文提到的浙江新安江水库(现千岛湖)。太平湖属于青弋江流域上游,由源出黄山的舒溪河、秧溪河、麻川河、浦溪河和九华山的清溪河、洙溪、陵阳河等七条河流汇聚而成,20 世纪 70 年代建成并开始蓄水,淹没区主要在太平县(今黄山区),东西两头各跨泾县、石台的一小部分,为便于管理后来全部划归太平县管辖,更名太平湖。湖中岛屿散落如珠,风光以山水取胜,以岛称雄,以石入奇。湖中部宽广,上下游是弯弯曲曲、宽窄不等的峡谷,湖岛风光秀丽,下游汇入皖南青弋江水系后,最终投入长江波涛汹涌的怀抱。

太平湖作为水库虽然年轻,但其所在地却是人文荟萃、历史悠久。考古研究显示,太平湖底曾"蕴藏"着一座繁华的千年古城——广阳城。广阳城北靠陵阳山,南濒舒溪河,西至柳家梁,东连洪田畈区,东西长达 10 千米以上,中间这 384 公顷的沃土就是城池所在地,成为皖南山区中心地带的著名粮油库。同时,毗邻舒溪河等皖南山区重要的水运通道和徽宁古道,水陆交通交会于此,得天独厚的区位优势,使得广阳物产富饶,水陆交通便利,这里的经济生活显得颇为繁荣(张辉和邓启江,2016)。广阳又称陵阳,据《石埭县志大事表》记载:"武帝元封二年(壬申)始析泾县西境地,置县于陵阳山麓,曰陵阳县……成帝咸康四年(戊戌),避杜后讳'陵',改陵阳为广阳。"唐代大诗人李白曾游历到此,一首《泾溪东亭寄郑少府谔》重现了当时古城江畔春意阑珊的景象:

## 泾溪东亭寄郑少府谔

### [唐] 李 白

我游东亭不见君,沙上行将白鹭群。

白鹭行时散飞去,又如雪点青山云。

欲往泾溪不辞远,龙门蹙波虎眼转。

杜鹃花开春已阑,归向陵阳钓鱼晚。

太平湖所在位置,也就是当时青弋江流域上游,两岸有不少集镇、码头,如诗句中提到的"龙门"、"陵阳"都有考古证实。杜鹃花开,漫山红遍,正值太平湖最美的季节,面对陵阳山放竿垂钓,有时偶尔看到几行白鹭在太平湖边湿地小憩或飞翔,诗人徘徊江边,心中牵挂着友人,借山水寄托了思念之情。

泾溪,是青弋江的故称。青弋江源出自安徽黟县,这里水系纵横,支流密布,蜿蜒不绝的溪水穿过幽深峡谷,湍急的水流冲刷着两岸的石壁,冲洗着峡谷中的碎石,将棱角打磨光滑,将岩石冲碎成瓦砾,汇入青弋江的上游。李白的一首《下泾县陵阳溪至涩滩》将青弋江水急滩险的景象描绘得淋漓尽致:

## 下泾县陵阳溪至涩滩

### [唐] 李 白

涩滩鸣嘈嘈,两山足猿猱。

白波若卷雪,侧足不容刓。

渔子与舟人,撑折万张篙。

据《明·一统志》记载:"涩滩在泾县西九十五里。怪石峻立,如虎伏龙盘。"难怪诗人感叹,涩滩的流水喋喋不休,引得两岸猿声不止,陵阳溪水卷起的浪花如白雪,巨石侧立在水中不能穿过小舟,如此险峻恐怕船夫和渔人一年里撑折上万支船篙在这里吧。无独有偶,李白的另一首诗《下陵阳沿高溪三门六刺滩》也描绘了江上险峻奇秀的景象:

## 下陵阳沿高溪三门六刺滩

〔唐〕李 白

三门横峻滩,六刺走波澜。

石惊虎伏起,水状龙萦盘。

何惭七里濑,使我欲垂竿。

那"石惊虎伏起,水状龙萦盘"的水流如今读来也仍惊心动魄!

唐代诗人、"九华山人"杜荀鹤特以"泾溪"为题著诗一首,描绘了峡谷之中水急溪险、雄奇壮美的风光:

## 泾 溪

〔唐〕杜荀鹤

泾溪石险人兢慎,终岁不闻倾覆人。

却是平流无石处,时时闻说有沈沦。

宋代诗人曹勋的《泾溪行》中描述"泾溪之水兮,犹可以方舟。泾溪之人兮,不可以同游。泾溪之阻兮,犹可以为梁。泾溪之险兮,石啮吾膚",亦有异曲同工之妙。

泾溪也许不为后人所广知,但桃花潭之名却是如雷贯耳,都源于李白留下的千古绝唱《赠汪伦》:

# 赠汪伦

### ［唐］李　白

李白乘舟将欲行，忽闻岸上踏歌声。

桃花潭水深千尺，不及汪伦送我情。

这首流传至今的名篇中提到的"桃花潭"就位于今泾县境内太平湖畔，系青弋江流经翟村至万村间的一段水面。县志《桃花潭记》称"层岩衍曲，回湍清深"、"清泠皎洁，烟波无际"，潭中峭岩上古藤缀拂，烟雾缭绕，朝阳夕晕，山光水色，尤显旖旎。

明清时期，由于广阳和龙门区域为黄金水道和商埠码头，舟船如梭，商贾云集，《石台志》中描绘："洪武五年（1372 年），民心安定，各行复业，沿舒溪河街市货客贸易兴旺。"此后，又有记载称"南门沿河街市店家灯火与河中游船灯火交相辉映，人称'小秦淮'"，其繁华可见一斑。

到清末、民国时期，城区格局被破坏。1949 年前夕，明清古建仅存文庙、五猖庙、城隍庙、城楼、古塔和六座祠堂（文史资料通讯，2008）。如今，广阳城的印记已斑驳黯淡，但却成就了太平湖的烟波浩渺，随着水库的建成，一个高山峡谷型的湖泊横空出世，湖泊的风姿便潋滟显露。

如今常见到游人们泛舟太平湖上，游赏一路变幻的景色：船行景动，两岸青山缓缓后移，仿佛像人们颔首致意，如果恰逢春季还可以看到满山遍野的杜鹃盛开，艳丽夺目，美不胜收；行至湖心宽阔处，宛若置身于浩瀚而宁静的海面，湖中那十多个高矮不一、形态各异的小岛，风貌奇丽，令人神往；再转至河湾湖汊，又见到另一番景象，水流湍急，峰峦错列，壁陡峡险，别有洞天。这山水之间的体会与古人是那么的相似，但意境却又是那么的不同。拦于湖上的大坝似一道湖水时空与历史的分界线，将前朝那些文人墨客云集、道教佛教掺杂的淳浓风气沉入太平湖底。群峰环抱，清澈明丽而又烟波浩渺的太平湖，湖水深处，是否还留存当初的记忆呢？

# 参考文献

毕庆昌,王超翔.南京玄武湖之地质环境与成因[J].国立北平研究院院务汇报,1936,2.

卞鸿翔,龚循礼.唐宋时期洞庭湖的演变[J].湖南师范大学自然科学学报,1984,2:55-60.

卞鸿翔.历史上洞庭湖面积的变迁[J].湖南师范大学自然科学学报,1986,2:93-97.

卞鸿翔.元明清时期洞庭湖的演变[J].湖南师范大学自然科学学报,1985,1:65-71.

陈彬彬.安江—富春江风景名胜历史变迁研究[D].浙江农林大学,2012.

陈红梅.江山胜迹与历史兴乱——元代以来滇池诗赋略论[J].安徽电气工程职业技术学院学报,2016,21(2):98-103.

陈君.略论洞庭湖之称谓及历史变迁问题[J].株洲师范高等专科学校学报,2007,12(6):73-76.

陈磊,唐荣桂.洪泽湖水生态问题分析及对策[J].治淮,2016,1:

50 - 51.

陈桥驿,吕以春,乐祖谋.论历史时期宁绍平原的湖泊演变[J].地理研究,1984,3(3):29 - 43.

陈秋速.元代太湖流域水利研究[D].中国社会科学院研究生院,2008.

陈斯金,张锦瑞.苏轼与洪泽湖的诗文情缘[J].陇东学院学报,2012,23(2):38 - 40.

陈薇.因势·随性·顺情——玄武湖与南京(金陵)[J].建筑师,2016(1):104 - 114.

陈幼荣.古今诗人颂西湖[M].中国文联出版社,2010.

达婷.明清南昌城历史景观组织研究[J].中国园林,2017,33(4):120 - 124.

戴锦芳,赵锐.遥感技术在古丹阳湖演变研究中的应用[J].湖泊科学,1992,2:69 - 72.

戴松岳.东钱湖诗魂[N].宁波日报,第 A5 版,2011 - 11 - 26.

邓玉棠.《惠州西湖志》考略[J].惠州学院学报(社会科学版),2014,34(2):9 - 13.

丁静.惠州:东坡把最美的文字留在西湖[N].海南日报,2010 - 12 - 18,第 A03 版.

董云仙,赵磊,陈异晖,等.云南九大高原湖泊的演变与生态安全调控[J].生态经济,2015,31(1):185 - 191.

窦鸿身,姜加虎.中国五大淡水湖[M].合肥:中国科学技术大学出版社,2003.

杜隽.唐至北宋西湖诗歌研究[D].浙江:浙江工业大学,2007.

段艳红,文博,卢龙斗.澄江动物群研究与进展[J].生物学通报,2017,52(3):1 - 4.

方国瑜.滇池水域的变迁[J].思想战线,1979,1:33 - 38.

冯春尼.徜徉蠡湖,品人文之韵[J].生命世界,2013,290:24 - 31.

冯静.诗词歌赋与杭州城市意象[J].规划师,2004,20(2):91-93.

冯敏.哈纳斯湖地区地貌与湖的成因[J].冰川冻土,1993,15(4):559-565.

高顺利.喀纳斯湖的成因研究[J].新疆大学学报(自然科学版),1987,4(1):68-76.

耿全.大明湖是怎么形成的?[N].齐鲁晚报,2017-01-10.

韩昭庆.南四湖演变过程及其背景分析[J].地理科学,2000,20(2):133-138.

杭宏秋."三湖"圩区开发史实及其思考[J].古今农业,2004(4):73-79.

何业恒,卞鸿翔.洞庭湖自然环境的历史变迁[J].自然杂志,1984,6:66-70.

洪雪晴.太湖的形成和演变过程[J].海洋地质与第四纪地质,1991,11(4):87-99.

胡大勇,王晓俊.颍州西湖古今风景初探[J].农业科技与信息:现代园林,2006,8:33-35.

胡金星,李静.微山湖散记[J].治淮.1989,2:39-40.

胡箫白.南京莫愁湖之得名与成因考[J].学海,2014,5:118-125.

胡媛.唐宋当涂诗歌研究[J].安徽大学学报,1998,2:81.

华北明珠白洋淀的前世与今生.2017-04-05.http://baijiahao.baidu.com/s?id=1563793416608077&wfr=spider&for=pc.

吉磊,王苏民,郑长苏,等.浅钻岩芯揭示的固城湖4000年来环境演化[J].湖泊科学,1993,5(4):316-323.

吉艳丽,黄鹏.析古诗词中的西湖意象[J].牡丹江师范学院学报(哲学社会科学版),2009,5:1-3.

贾铁飞,戴雪荣,张卫国,等.全新世巢湖沉积记录及其环境变化意义[J].地理科学,2006,26(6):706-711.

简培龙,简丹.洪泽湖大堤历史演变研究[J].中国水利,2017,9:53-56.

姜倩.清初至清中叶西湖诗研究[D].浙江工业大学,2013.

金家年.丹阳湖的历史变化与水阳江流域的农田开发[J].安徽大学学报,1998,2:81.

荆春燕,张秀敏,赵祥华.抚仙湖水质变化趋势分析[J].云南环境科学,2004,23:110-114.

鞠继武.洪泽湖的水域形态及其形成和演化[J].南京师范学院学报(自然科学版),1961,4:70-90.

阚士英.峰阙湖寻阙泽[J].中国集体经济,2016,2:38-41.

昆明市滇池管理局网站. http://dgj. km. gov. cn/c/2015-08-26/1515702.shtml.

昆明市水利志编纂委员会编.昆明市水利志[M].云南人民出版社,1997.

李波.元明清时期滇池水利的修建与昆明城的发展[J].昆明学院学报,2006,28(1):25-27.

李持真.历史上的嘉兴南湖[J].浙江档案,2006,11:32-33.

李逢春.清诗咏青海(上)[J].中国土族,2007,3:42-44.

李逢春.清诗咏青海(下)[J].中国土族,2008,1:62-64.

李逢春.宋金元诗咏青海[J].中国土族,2009,3:50-51.

李娟.一幅柔美的塞外山水画——洪亮吉《净海赞》艺术美三题[J].伊犁师范学院学报(社会科学汉文版),2002,1:26-28.

李莱.明清河湟诗人青海诗作探略[J].青海师范大学学报(哲学社会科学版),2005,3:93-95.

李木生.微山湖上静悄悄[J].人民文学.2000,9:83.

李青.历史上的鄱阳湖与江西经济[D].江西师范大学,2012.

李淞.宋湘在惠州西湖[J].岭南文史,1983,1:132.

聊澍.洞庭湖志[Z].清道光五年(1825).

刘丹丹.白洋淀水资源量变化及其原因分析[D].河北科技大学,硕士论文,2014.

刘美芹.千古名胜大明湖[J].走向世界,1995,5:56-58.

刘文静.洞庭湖之殇[J].气象知识,2013,3:56-57.

刘迎春.美韵无限石臼湖[J].江苏地方志,2009,10:54-55.

陆瑾翊,马军山.烟雨楼历史变迁与南北方比较研究[J].建筑与文化,2017,8:87-88.

陆林,天娜,虞虎,等.安徽太平湖旅游地演化过程及机制[J].自然资源学报,2015,30(4):604-615.

陆玉麒,董平.明清时期太湖流域的中心地结构[J].地理学报,2005,60(4):587-596.

吕君丽.清代巢湖地方志中辑存景物诗价值例说[J].巢湖学院学报,2009,11(4):46-49.

吕肖奂."江湖吟社"与南宋后期江西诗坛[J].江西社会科学,2018,2:77-87.

吕砚.璀璨明珠大明湖[J].春秋,2009,6:62-63.

马力.悲情玄武湖[J].江苏地方志,2017,3:14-15.

米学芹,周怀宇.巢湖生态历史变迁考论[J].安徽农业科学,2009,37(5):2313-2315.

潘军.西湖诗词与杭州诗性文化[J].新疆教育学院学报,2008,24(3):49-51.

彭适凡.古代南昌城的变迁与发展概述[J].南方文物,1980,1:15-23.

彭艳芬.白洋淀文化:一万年的积淀,一千年的起点[J].河北水利,2017,6:58-61.

秦寿容.美丽富饶的太湖[J].江苏教育,1981,7:42-43.

沙建芳.唐代咏太湖诗研究[D].硕士论文,上海:上海师范大学,2013.

上官紫雪.颍州西湖[J].阜阳师范学院学报,1994,2:1.

石青.话说漕湖[J].苏州杂志,2012,6.

税晓洁.探寻喀纳斯湖之源喀纳斯冰川[J].中国国家地理,2009,11.

苏守德.鄱阳湖成因与演变的历史论证[J].湖泊科学,1992,4(1):
40－47.

孙秋克.明代宦滇作家群考论[J].云南民族大学学报(哲学社会科学
版),2008,121(06):119－124.

孙云娟,朱鹏飞,王欣.嘉兴烟雨楼造园史研究[J].现代农业科技,
2011,22:218－220.

谭其骧,张修桂.鄱阳湖演变的历史过程[J].复旦学报:社会科学版,
1982,2:30－41.

唐国华,胡振鹏.明清时期鄱阳湖的扩展与形态演变研究[J].江西社
会科学,2017,7:123－131.

王秉诚.岑参在北庭.http://www.jmser.gov.cn/zjbt/shsy/btws/
153357.htm.

王福昌.唐代南昌的生态环境[J].古今农业,2011,3:15－21.

王洪道,窦鸿身,颜京松,等.中国湖泊资源[M].北京:科学出版
社,1989.

王建革.明代太湖口的出水环境与溇港圩田[J].社会科学,2013,2:
143－154.

王建勇.说慈湖[N].宁波晚报,新闻,A8版次,2014－03－09.

王琴.苏轼惠州诗歌中的"丰湖"与"西湖"——兼论惠州西湖得名由来
[J].乐山师范学院学报,2016,31(1):1－7.

王庆,陈吉余.洪泽湖和淮河入洪泽湖河口的形成与演化[J].湖泊科
学,1999,11(3):237－244.

王树基.关于赛里木湖的形成、演变与第四纪古冰川作用的关系.干旱
区地理,1978,1(1):47－55.

王苏民,窦鸿身.中国湖泊志.北京:科学出版社,1998,348-349.

王颖颖.历史环境下城市型体空间优化设计[D].华中科技大学,2011.

王永莉.唐代边塞诗"绝域"意象的历史地理学考察[J].人文杂志,2014,10:98-104.

王宇,李均力,郭木加甫,等.1989—2014年赛里木湖水面面积的时序变化特征[J].干旱区地理,2016,39(4):851-860.

韦荣华.颍州西湖:与杭州西湖并耀[J].森林与人类,2009,9:64-67.

魏云龙.文人笔下的石臼湖[EB/OL].http://www.xingaochun.com/thread-772-1-1.html,2014-12-7.

文清.流域史研究的新成果——评《中国太湖史》[J].江海学刊,2000(4):45-46.

吴福林."莫愁"探秘[J].江苏地方志,2010,1:40-43.

吴晓华.厉鹗诗词与杭州西湖[J].乐山师范学院学报,2005,20(7):29-31.

吴跃东.巢湖的形成与演变[J].上海国土资源,2010,31(b11):152-156.

吴肇钊.瘦西湖的历史与艺术[J].新建筑,1985,3:16-23.

武刚.略论颍州西湖的变迁[J].文教资料,2013,36:95-96.

夏宝国,裴安年.千秋诗文洪泽湖[M].中国文史出版社,2011.

夏国强,李爱荣.岑参首赴安西路途与唐代丝绸之路南道[J].新疆大学学报(哲学人文社会科学汉文版),2017,5:82-87.

谢继征,易强,吴俊.扬州瘦西湖水环境综合整治的一点思考[J].污染防治技术,2012,25(3):60-63.

徐炳顺,杨玉衡.扬州瘦西湖最初名为"保扬河"[J].江苏水利,2008,3:48.

徐雅婷.耶律楚材西域诗研究[D].新疆师范大学,2010.

薛佩.唐代青海诗研究[D].内蒙古大学,硕士论文,2015.

荀德麟.洪泽湖研究[M].南京:江苏,古籍出版社,1993.

严浩伟.唐诗宋词中的扬州城市意象[J].安徽文学月刊,2008(2):61－62.

杨利寿,陆佩洪,葛辉.南京玄武湖水体污染的化学分析[J].南京师大学报(自然科学版),1979,2:55－61.

杨明森.雄安生态环境治理:从问题导向到目标导向[J].经济,2017,13:74－77.

杨萍.青海湖的形成与环境演化[J].青海环境,2011,2(80):59－61.

杨水明.淳安县岩溶地貌景观开发利用的现状和前景[J].全国第10届旅游地学年会暨淳安桐庐旅游资源开发研讨会论文集,1995,137－141.

杨小娣.宁海新闻网[N/OL].http://www.nhnews.com.cn.2018－05－28.

姚炎鑫,李伟.中共一大会议由上海移址嘉兴南湖偶然之中蕴含着历史的必然[J].浙江档案,2016,(1):46－49.

叶明镜.惠州西湖的形成和变迁[J].惠州学院学报,1982(1):101－105.

于希贤.滇池历史地理初步研究[J].云南地理环境研究,1999,11(1):7－15.

袁国映.喀纳斯湖发现长达近百米水生生物[J].新疆环境保护,2006,1:31.

翟广恒,李亚峰.白洋淀水环境变化分析[J].水科学与工程技术,2007,5:45－46.

张辉,邓启江.安徽黄山太平湖水下考古发现广阳城址.中国文物报,2016－05－06.

张继勇.石臼湖水利枢纽工程建设研究[J].安徽工业大学学报:社会科学版,2014,31(2):22－24.

张军.关于微山湖历史文化资源发展战略的思考[J].大舞台:双月号,

2009,4:51-52.

张瑞虎.洪泽湖的成因及其水灾治理[J].农业灾害研究,2012,02(3):72-75.

张修桂.洞庭湖演变的历史过程[J].历史地理(创刊号),1981(1).

张修桂.《水经注》洞庭湖水系校注与复原(上篇)[J].历史地理,2003,2:1-32.

张友仁.惠州西湖志[M].广东高等教育,1989.

章铭.太湖五里湖生态修复示范区水质改善效果分析[D].2012.

周国华.试论洞庭湖区的洪涝灾害及其减灾对策[J].灾害学,1997,3:28-33.

周宏伟.洞庭湖变迁的历史过程再探讨[J].中国历史地理论丛,2005,20(2):12-21.

周兆锐.石城与莫愁[J].湖北大学学报:哲学社会科学版,1983(6):130-129.

周振国.加强雄安地域历史文化的研究和保护[J].共产党员,2017,7:22-24.

朱晓敏.浅议巢湖民歌的原生态传承[J].美与时代(下),2012(7):55-57.

朱兴华.洪泽湖成湖历史及演变过程[J].江苏水利,1998,8:47-48.